Lenoir | Offener Brief an die Tiere

Frédéric Lenoir, geb. 1962, ist Religionswissenschaftler, Soziologe und Schriftsteller. Auf Deutsch erschienen zuletzt *Was ist ein geglücktes Leben?*, der Roman *Der Fluch des Mont-Saint-Michel* und *Der kleine Philosoph. Wie Kinder denken.*

Frédéric Lenoir

Offener Brief an die Tiere und alle, die sie lieben

Aus dem Französischen übersetzt
von Ute Kruse-Ebeling

Reclam

Im Gedenken an Gustave

Inhalt

Liebe (nichtmenschliche) Tiere … 9
Wie Homo sapiens zum Herrscher über die Welt wurde 15
Von der Zähmung zur Ausbeutung 23
Seid Ihr also nichts weiter als Sachen? 37
Sind wir wirklich so unterschiedlich? 47
Unsere Eigenheiten 61
Von der Ausbeutung zum Schutz 73
Jenseits der »Speziesismus«-Debatte 83
Was tun? 95
Ein Kampf für alle 111
Wie uns Tiere guttun 119
Zum Schluss 131

Nachwort 135
Danksagung 137
Anmerkungen 138
Literaturhinweise 141

»Man hat keine zwei Herzen, das eine für Menschen, das andere für Tiere. Man hat ein Herz oder man hat keins.«

ALPHONSE DE LAMARTINE
(Frz. Dichter, 1790–1869)

Liebe (nichtmenschliche) Tiere,

wie merkwürdig der Mensch Euch doch erscheinen muss! Wahrscheinlich sind wir für Euch nur ein Tier unter vielen, doch sicherlich fragt Ihr Euch, warum wir uns Euch gegenüber bisweilen so widersprüchlich verhalten. Warum behandeln wir beispielsweise an manchen Orten auf der Welt Hunde und Katzen unendlich respektvoll, während wir sie anderswo misshandeln? Und warum können wir, wenn wir doch unsere Haustiere lieben und ihnen zuliebe zu tausend Opfern bereit sind, gleichzeitig genüsslich Babys – Lämmer, Kälber, Ferkel – verspeisen, die gerade erst ihrer Mutter entrissen wurden, um schonungslos zum Schlachthof geführt zu werden, obwohl sie genauso empfindsam – und manchmal sogar genauso intelligent – sind wie unsere geliebten Heimtiere? Das ist nur eines von vielen Beispielen, das unsere moralische Schizophrenie Euch gegenüber zum Ausdruck bringt, und ich verstehe, dass Ihr uns vollkommen irrational finden müsst.

Nur um es Euch gleich vorweg zu sagen: Auch ich entkomme diesem Widerspruch nicht. Weder verhalte ich mich vorbildlich noch tadellos Euch gegenüber, weit gefehlt. Seit meiner Kindheit verspüre ich eine große Nähe zu Euch und habe meine Mitmenschen stets mehr gefürchtet als alle anderen Tiere auf der Erde! Als ich kaum drei oder vier Jahre alt war, versuchten meine Eltern mir auszureden, mitten in der Nacht durch den Garten zu laufen. Sie warnten mich daher vor Dieben, die dort lauern könnten, doch ich antwortete ihnen nur: »Ich weiß, aber die Wölfe werden mich beschützen.«

Ich war schon immer sensibel für Eure Schmerzen, zweifellos genauso wie für die Schmerzen meiner Mitmenschen. Noch heute kann ich es nicht ertragen mit anzusehen, wie Bienen in einem Schwimmbecken ertrinken und verzweifelt ums Überleben kämpfen, und ich achte darauf, sie aus dem Wasser zu holen, bevor ich hineinspringe. Ebenso schwierig ist es für mich, Landtiere zu töten oder ihren Mord mit anzusehen. Mit gerade einmal zehn Jahren habe ich meinen ersten (und letzten) Stierkampf besucht. Er bleibt mir für immer in beklemmender Erinnerung. Sobald der Picador auf seinem armen, mit Scheuklappen ausstaffierten, aufgeschirrten und angsterfüllten Pferd anfing, den Stier mit seiner Lanze zu quälen, um ihn zu schwächen, verstand ich, dass die Würfel gezinkt waren: dass das Tier in diesem angeblich »edlen und fairen Kampf zwischen Mensch und Tier« von vornherein keinerlei Chance hatte und der Ausgang praktisch unausweichlich war. Ich musste mich übergeben und verließ die Arena. Einige Jahre zuvor hatte mein Vater versucht, mich in die Bogenjagd einzuführen. Ich muss sieben oder acht Jahre alt gewesen sein. Er hatte mir einen afrikanischen Jagdbogen mitgebracht, und wir liefen auf der Suche nach Wild in den Wald. Als sich einige Meter entfernt von uns nacheinander vier wunderschöne Fasanen in die Luft erhoben, schrie mein Vater, der genau hinter mir stand: »Schieß, schieß!« ... Aber ich war absolut nicht in der Lage dazu. Wie hätte ich aus reinem Vergnügen statt aus Notwendigkeit beschließen können, auf diese Weise ihrem Leben ein Ende zu setzen, den wunderschönen Flug dieser Vögel zu unterbrechen und diese Lebewesen voller Vitalität in leblose Kadaver zu verwandeln? Demgegenüber hatte ich merkwürdigerweise nie Probleme damit, Fische zu angeln. Unser Haus grenzte an einen kleinen

Wasserlauf und es kam häufig vor, dass ich mir behelfsmäßige Angeln bastelte und Regenwürmer aus der Erde buddelte (auch für sie hatte ich kein Mitleid!), um sie auf die gebogene Nadel zu spießen, die ich als Angelhaken ans Ende einer Schnur gebunden hatte. Auf diese Weise habe ich viele kleine Fische geangelt. Ich tötete sie immer sofort, weil ich nicht wollte, dass sie langsam ersticken, bevor sie über dem Holzfeuer gegrillt wurden. Es muss vierzig Jahre her sein, dass ich das letzte Mal geangelt habe, doch ich erinnere mich, dass ich dabei niemals die geringsten Gewissensbisse verspürte, wohingegen es mir unmöglich war, ein Landtier zu töten, um es zu essen. Ich kann dieses »Messen mit zweierlei Maß« nicht erklären. Ich bin daher vollkommen repräsentativ für viele meiner Mitmenschen: Ich spüre Euer Leiden, und ich setze mich seit Langem dafür ein, dass es verringert wird, doch es fällt mir schwer, einer leckeren Platte mit Meeresfrüchten zu widerstehen; und selbst wenn ich meinen Fleischverbrauch stark reduziert habe und zum Vegetarismus tendiere, passiert es mir noch, dass ich ein gebratenes Hähnchen im Restaurant oder bei Freunden unwiderstehlich finde. Ich zögere auch nicht, eine Mücke zu erschlagen, die mich vom Schlafen abhält, oder Motten zu vernichten, die meine Pullis durchlöchern – die wiederum aus Schafschurwolle bestehen! Unter meinen Mitmenschen sind Eure besten Freunde zweifellos die Veganer, die nichts konsumieren, was aus dem Tierreich stammt oder sich der Ausbeutung von Tieren verdankt, doch ich fühle mich zu dieser Praxis immer noch nicht imstande, obwohl sie absolut konsequent ist. Ich stelle mir im Übrigen die Frage, und ich werde am Ende dieses Briefes auf sie zurückkommen, ob eine ethische Haltung Euch gegenüber die unterschiedlichen Grade der Schmerzempfindlichkeit und der Intelligenz Eurer verschiedenen Arten berücksichtigen kann oder ob man allen dieselbe uneingeschränkte Achtung entgegenbringen muss …

Die wissenschaftlichen Spezialisten für tierisches Verhalten, die wir »Ethologen« bzw. Verhaltensforscher nennen, haben uns im Lauf der vergangenen Jahrzehnte gezeigt, wie unendlich viel näher wir Euch sind, als wir lange Zeit geglaubt haben. Wir wissen inzwischen, dass Ihr so schmerzempfindlich seid wie wir. Wie wir könnt auch Ihr eine logische, deduktive Intelligenz besitzen, die Euch dazu befähigt, Dinge zu unterscheiden und manchmal sogar zu benennen. Ihr verwendet Formen der Sprache. Einige von Euch können Werkzeuge herstellen und Bräuche an ihre Kinder weitergeben. Es kann vorkommen, dass Ihr herumalbert, und Ihr spielt sehr gern. Ihr zeigt Liebe und oft sogar Mitgefühl. Einige von Euch verfügen über ein Bewusstsein ihrer selbst und beweisen einen Sinn für – Eure eigene, nicht unsere – entwickelte Moral und Gerechtigkeit. Gewiss gibt es auch Unterschiede zwischen uns und Euch, so wie es Unterschiede zwischen allen Arten gibt. Jede Spezies ist einzigartig … so wie alle anderen. Gerade das, was unsere Besonderheit ausmacht – die Komplexität unserer Sprache, die Unendlichkeit unseres Begehrens, unser mythisch-religiöses Denken, die Fähigkeit, sich in eine ferne Zukunft hineinzuversetzen, und unser universelles moralisches Gewissen –, sollte uns dazu veranlassen, eine gerechte und verantwortungsvolle Haltung gegenüber Euch einzunehmen. Und doch werden wir meist von dem primitiven Instinkt getrieben, Euch zu beherrschen und Euch auszubeuten, gemäß dem alten geflügelten Wort vom Gesetz des Stärkeren. Zweifellos kaschieren wir diesen Raubtier- und Herrscherinstinkt mit tausend intellektuellen und rhetorischen Tricks. Denn eine der Besonderheiten des Menschen besteht durchaus auch in seiner außergewöhnlichen Fähigkeit, seine Wünsche zu rechtfertigen! Bereits der Philosoph Baruch de Spinoza betonte im 17. Jahrhundert, »daß wir nichts erstreben, wollen, verlangen oder begehren, weil wir es für gut halten, sondern daß wir umgekehrt darum etwas für gut halten, weil wir es erstreben, wollen, verlangen oder begehren.«[1] Wir haben gerade Lust, einen Esel auszubeuten, uns den Mord an einem Stier in einer Arena anzuschauen oder ein Spanferkel zu essen? ... Kein Problem! Denken wir uns einfach gute – wirtschaftliche, kulturelle, biologische, gastronomische oder religiöse – Gründe dafür aus, um unseren jeweiligen Wunsch zu befriedigen ... mit gutem Gewissen.

Ebenso wenig wie wir für Euch denken können, könnt Ihr verstehen, was sich in unseren Köpfen abspielt. Darum werde ich versuchen, Euch zu erklären, welche Vorstellung wir von Euch und uns selbst haben. Ich möchte Euch von der langen Geschichte unserer gemeinsamen Verbindung sowie den Rechtfertigungen erzählen, die wir gefunden haben, um Euch heute in großem Stil zu beherrschen, auszubeuten und zu töten. Ich werde Euch auch von Menschen berichten, die diese massenhafte Ausbeutung sowie Abschlachtung stets abgelehnt haben und weiterhin ablehnen. Zu guter Letzt werde ich Euch erläutern, welche Lösungen es für uns Menschen als Spezies mit der größten Macht und daher, moralisch gesehen, auch mit der größten Verantwortung gäbe, um Euch, liebe Tiere, stärker zu achten. Schließlich könnt Ihr nicht mit unseren Worten ausdrücken, was Ihr empfindet. Ich werde diesen Zeilen auch Zitate von einigen Eurer wortgewandtesten Freunde – von Schriftstellern, Philosophen, Wissenschaftlern, Dichtern – zur Seite stellen, denen bewusst ist, dass ein Mensch in seiner Menschlichkeit nur wachsen kann, wenn er sich so respektvoll wie möglich gegenüber allen empfindungsfähigen Wesen auf der Erde verhält.

Wie Homo sapiens zum Herrscher über die Welt wurde

Der Mensch ist seit sehr langer Zeit davon überzeugt, dass er das höchstentwickelte Tier der Erde ist. Das geht so weit, dass er sich nicht einmal mehr selbst als Tier betrachtet: Auf der einen Seite gibt es den Menschen und auf der anderen Seite die Tiere. Doch das war nicht immer so. Wir wissen heute, dass wir gemeinsame Vorfahren mit den Menschenaffen besitzen, die auf der Erde leben: den Schimpansen, den Bonobos, Orang-Utans und Gorillas. Vor mehreren Millionen Jahren hat sich einer unserer gemeinsamen Urahnen anders entwickelt, sodass innerhalb der Familie der Menschenaffen die Gattung *Homo* entstand. Diese erste Gattung von Menschen nennt man *Australopithecus* (»südlicher Affe«). Sie tauchte zuerst in Ostafrika auf und wanderte dann Richtung Europa bzw. Asien. Aufgrund der Verschiedenartigkeit der natürlichen Umgebungen spaltete sich die menschliche Gattung in neue Arten auf. Den Menschen Europas und Westasiens hat man als »Neandertaler« und den, der Ostasien bevölkerte, als »aufrechter Mensch« bezeichnet. Im Verlauf der folgenden Hunderttausende von Jahren tauchten mehrere weitere Menschenarten an verschiedenen Orten des Erdballs auf. Man nimmt an, dass vor 100 000 Jahren mindestens sechs Menschenarten auf der Erde lebten. Worin bestanden die gemeinsamen Merkmale dieser Menschen? Wie bei den anderen Menschenaffen war ihr Gehirn sehr hoch entwickelt, doch ihre Besonderheit lag darin, dass sie auf den beiden Hinterbeinen liefen. Durch diese aufrechte Haltung wurden die Hände der Menschen frei, gewannen an Geschicklichkeit und ermöglichten es ihnen, komplexe Aufgaben zu erfüllen, wie etwa die Herstellung von ausgefeilten Werkzeugen. Die Menschen lernten zudem, das Feuer zu beherrschen, und zogen daraus zahlreiche Vorteile, wie etwa den Schutz vor Räubern, Wärme oder auch das Kochen von Nahrungsmitteln. Die Veränderung der Ernährung, die mit dem Kochen einherging, wirkte sich wahrscheinlich entscheidend auf ihre körperliche und vor allem ihre geistige Entwicklung aus. Ein letztes großes gemeinsames Charakteristikum besteht schließlich darin, dass die Kinder der Menschen, im Verhältnis zu Euren, aufgrund der aufrechten Haltung vorzeitig geboren werden: Sie benötigen daher über lange Zeit Schutz und Erziehung, um selbstständig zu werden, was wiederum die Vergesellschaftung und die Kultur (bzw. die Übertragung von Wissen) begünstigt, zwei wesentliche Merkmale der Menschheit.

Vor einigen Hunderttausend Jahren tauchte eine neue Menschenart auf: die *Sapiens*. Über mehrere Jahrtausende lebte sie zeitgleich mit den anderen Menschenarten, doch etwa 70 000 Jahre vor unserer Zeitrechnung begann sie, die Erde zu erobern – eine Eroberung, die zeitlich mit der Ausrottung aller anderen Menschenarten zusammenfiel. Unter den wissenschaftlichen Experten tobt ein Streit darüber, ob der *Homo sapiens* sich einer Art des Genozids an den anderen Menschenarten schuldig gemacht hat, indem er sie einen nach dem anderen unterworfen und vernichtet hat, oder ob sie sich über Verschmelzung assimiliert haben. Wie dem auch sei, *Sapiens* machte das Rennen, und seither sind alle Menschen seine Nachfahren.

»Ich muss das Leid des anderen bekämpfen, weil es Leid ist wie das meine. Ich muss mich für das Wohl der anderen einsetzen, weil sie wie ich sind, Lebewesen.«

SHANTIDEVA
(weiser indischer Buddhist, 8. Jahrhundert n. Chr.)

Worin lag das Geheimnis seiner Stärke? Sie verdankte sich nicht seiner physischen Kraft, da beispielsweise der Neandertaler deutlich kräftiger war. Sie hing vielmehr mit der Kraft seines Denkens zusammen. Die Experten sprechen von der »kognitiven Revolution«, um den qualitativen Sprung zu bezeichnen, der *Sapiens* von den anderen Hominiden trennt. In der Tat erfand der *Homo sapiens* in einem Zeitraum von einigen Zehntausend Jahren – zwischen 70 000 und 20 000 Jahren vor unserer Zeitrechnung – viele komplexe Werkzeuge wie Boote, Pfeil und Bogen oder Nadeln, doch er stellte auch Ziergegenstände her, Schmuck und Kunstwerke wie die Felsmalereien, die man zum Beispiel noch in der Grotte von Lascaux oder der Grotte Chauvet bewundern kann. Er entwickelte außerdem religiöse Praktiken, die an Glaubensüberzeugungen gebunden waren, die sich uns heute entziehen. Man hat jedoch archäologische Spuren von sehr aufwändigen Bestattungsritualen oder auch Kultgegenständen gefunden, die auf sie hindeuten.

Die Anthropologen glauben, dass diese »kognitive Revolution« weitgehend an die spezifische Sprache des *Sapiens* gebunden ist, die es ihm erlaubt, eine relativ begrenzte Anzahl von Lauten miteinander zu verknüpfen und daraus eine unendliche Anzahl von Sätzen mit unterschiedlichen Bedeutungen zu bilden. Während Ihr nichtmenschlichen Tiere eine Sprache habt, die meistens konkrete Informationen zu übertragen scheint – Warnung vor Gefahr, Zeichen der Anerkennung oder Zuneigung, Meldung von Nahrungsvorkommen –, kann die menschliche Sprache Situationen von großer Komplexität beschreiben, was den Austausch und die Kommunikation innerhalb einer großen Gruppe begünstigt. Ein anderes Charakteristikum unserer Sprache ist die Fähigkeit, unsichtbare Dinge zu benennen. Wenn sie Geister, Götter oder die Seele beschwören, sprechen die Menschen von

»Wir sollten aufhören, den Menschen zum Maß aller Dinge zu machen! Wir sollten die anderen Arten danach bewerten, was sie selbst sind! Ich bin mir sicher, dass wir auf diese Weise auf schier unendlich viele Phänomene stoßen werden, von denen einige noch unvorstellbar für uns sind.«

FRANS DE WAAL
(niederländischer Verhaltensforscher, geb. 1948)

Dingen, die für die Augen des Körpers nicht existieren oder unsichtbar sind.

Der Glaube an immaterielle Dinge hatte durchaus einen entscheidenden Einfluss auf die Evolution des *Sapiens*. Die Entwicklung des mythischen und religiösen Denkens steht am Anfang der Entstehung und des Aufschwungs aller Zivilisationen. Der Glaube an eine unsichtbare Realität, die ihre Wahrnehmung übersteigt, kann Menschen zusammenbringen. Jeder geteilte mythische oder religiöse Glaube schafft einen sozialen Zusammenhalt. Er begünstigt die Kooperation zwischen Tausenden von Menschen, die einander zwar nicht persönlich kennen, doch die, dank des geteilten Glaubens und daraus resultierender geteilter Praktiken und Werte, einander vertrauen und gewaltlos zusammenleben können. Das mythisch-religiöse Denken ermöglicht auch eine Sakralisierung der Politik und verleiht dem Oberhaupt einer Gemeinschaft – mag es sich nun König, Kaiser oder Pharao nennen – eine Legitimität, die die Stabilität der politischen Macht sichert und den Zusammenhalt verschiedenster Völker, die derselben Macht unterworfen sind, aufrechterhält. Das wiederum erleichtert die Erschaffung von Imperien. Doch gemeinsame Vorstellungswelten können auch sehr brutale Veränderungen in der gesellschaftlichen und politischen Ordnung auslösen: Sobald sich der Gründungsmythos einer menschlichen Gesellschaft ändert, führt dies augenblicklich zu Umbrüchen in ihr: Dieses Phänomen hat Europa mit der Aufklärung und der Französischen Revolution erlebt. Möglich waren diese Umwälzungen nur, weil der Mythos des Fortschritts, des Glaubens an die Vernunft und an die Freiheit des Individuums, in den Köpfen der Mehrheit den christlichen Mythos ersetzte. Das symbolische Denken ermöglicht solche politischen und sozialen Umwälzungen, die in der Tierwelt ohne eine tiefgreifende genetische Mutation gar nicht auftreten könnten. Wie der Historiker Yuval

Noah Harari in seinem spannenden Werk *Eine kurze Geschichte der Menschheit* feststellt: »Der eigentliche Unterschied zwischen uns und den Schimpansen ist der geheimnisvolle Kitt, der eine große Zahl von Individuen, Familien und Gruppen zusammenhält. Dieser Kitt hat uns zu den Herren der Schöpfung gemacht.«[2]

Ihr werdet mich nun fragen – und wir werden vielleicht nie eine Antwort auf diese legitime Frage erhalten: Was geschah im Gehirn des *Sapiens*, dass er so schnell eine einzigartige Sprache, eine solch reiche Vorstellungskraft und ein symbolisches Denken entwickeln konnte, die die Entstehung von Kunst oder auch Religion begünstigten?

Von der Zähmung zur Ausbeutung

Die kognitive Revolution und der Aufstieg des *Homo sapiens* hatten nicht sofort verheerende Folgen für Euch, liebe Tiere. Im Gegenteil, mit der Entwicklung des mythischen und religiösen Denkens wurde zunächst die Natur als heilig verehrt. Die ersten religiösen Überzeugungen sind animistischer Natur: Sie postulieren die Existenz unsichtbarer Geister für jede sichtbare natürliche Gegebenheit. Demnach gäbe es Wasser-, Feuer-, Baum- und Pflanzengeister, aber auch Geister aller empfindungsfähigen Wesen. Indem *Sapiens* – zumeist mittels veränderter Bewusstseinszustände, die durch Trance erzeugt wurden – mit diesen Geistern kommunizierte, versuchte er ihre Gunst zu gewinnen und sich harmonisch in die ihn umgebende Welt einzufügen. Selbst wenn er Wild jagen musste, um sich zu ernähren, bat er die Geister der von ihm getöteten Tiere inständig um Verzeihung. Die Ernährung unserer frühen Vorfahren, die als Jäger und Sammler lebten, war im Übrigen wohl sehr abwechslungsreich und konzentrierte sich keineswegs nur auf die Aufnahme tierischen Fleisches.

All dies änderte sich grundlegend im Übergang von der Altsteinzeit zur Jungsteinzeit, der von der Sesshaftwerdung und der Ackerbaurevolution gekennzeichnet war. Der radikale Wandel in der Lebensweise der Menschen begann vor ungefähr 12 000 Jahren mit dem Ende einer Eiszeit. In Anatolien und in bestimmten Gebieten im heutigen Nahen Osten veränderten die Menschen, die vormals Nomaden waren, ihre Lebens- und Organisationsweise. Sie bauten Dörfer, bewirtschafteten das Land und züchteten Vieh. Diese Revolution verbreitete sich in den folgenden Jahrtausenden auf dem gesamten Globus.

Erst zu dieser Zeit verschlechterte sich die Lage für Euch nichtmenschliche Tiere ernstlich. Die Jäger- und Sammlernomaden waren Teil der natürlichen Welt gewesen und hatten sich zweifelsohne nicht als den anderen Lebewesen radikal verschieden oder überlegen betrachtet, doch der sesshafte Ackerbauer entwickelte ein mythisch-religiöses Denken, das ihn zum Herrscher über die Welt machte. Da seine Mahlzeiten nun nicht mehr von der wilden Natur (Jagen und Sammeln), sondern vom Ackerbau und der Viehzucht abhingen, führte die neue Ernährungssicherheit zunehmend dazu, dass er sich vom animistischen Glauben abwandte und neue Glaubensüberzeugungen entwickelte: Die Götter und Göttinnen, die er verehrte, lebten nicht länger auf der Erde, sondern in der unsichtbaren und fernen himmlischen Welt. So schuf er zum ersten Mal eine Hierarchie unter allen Lebewesen: Ganz oben im Himmel befanden sich die Götter, während unten auf der Erde die Tiere lebten. Sich selbst versteht der Mensch von nun an als eine Art Mittler zwischen der natürlichen Welt und der Welt der Götter. Er nimmt sich selbst als das höchstentwickelte irdische Geschöpf wahr und als das einzige, das in der Lage ist, mit dem Göttlichen zu kommunizieren. Von ihm und seinen religiösen Ritualen hängt sogar die kosmische Ordnung ab: Diese Aufgabe wurde ihm von den Gottheiten übertragen. Das Hauptritual, das man in allen menschlichen Kulturen dieser fernen Vorzeit findet, ist das Opfer. Indem der Priester den Gottheiten Saat oder Tiere opfert, handelt er im Namen seiner menschlichen Gemeinschaft. Mit der Gabe beabsichtigt er, zum Erhalt der kosmischen Ordnung beizutragen und seinem Volk zugleich

auch den Schutz und die Gunst der Götter zu verschaffen.
Diese neuen religiösen Überzeugungen, die sich nach seiner Sesshaftwerdung entwickelten, spielten daher eine entscheidende Rolle dabei, wie *Sapiens* seinen Bruch mit der natürlichen Welt und seinen Willen zur Herrschaft über die anderen Tierarten rechtfertigte. Die Folge: Eure Ausbeutung, liebe Tiere, stellte von nun an keinerlei Problem mehr für das menschliche Gewissen dar.

In diesem neuen symbolischen Kontext begann der Mensch auch mit der Zähmung und Zucht zahlreicher Tierarten. Zunächst wurde nur der Hund domestiziert – ungefähr 15 000 Jahre vor unserer Zeitrechnung –, doch der Übergang zur Jungsteinzeit zog schrittweise die Zähmung von Schafen, Ziegen, Rindern, Schweinen, Pferden, Eseln, Kamelen, Lamas, Truthähnen, Geflügel und Katzen nach sich. Mit Ausnahme Letzterer und bisweilen der Hunde, die zu Heimtieren wurden, ging es von nun an darum, den größtmöglichen Nutzen aus den Tieren zu ziehen. Es ist kein Zufall, dass sich das Wort Geld (*pecunia*) aus dem Wort *pecus*, Vieh, ableitet. Reich zu sein bedeutete, Vieh zu besitzen. Die Tiere, die oft für schwere Arbeiten (Ackerbau, Transport) verwendet wurden, wurden zudem gezüchtet, um nützliche Waren (Wolle, Leder) und Lebensmittel (Milch, Eier) zu liefern sowie selbstverständlich auch, um selbst gegessen zu werden.

Eure Ausbeutung zu unserem Nutzen hat sich im Lauf der Zeit immer mehr verstärkt. Seit dem 20. Jahrhundert hat sie sich dramatisch verschärft, was mit dem Streben nach tayloristischer Produktivität und Profitmaximierung in der Tierhaltung zusammenhängt. In den sogenannten »entwickelten« Ländern stammen 80 bis 95 Prozent der Tiere, die wir verzehren, aus industrieller Tierhaltung. Seitdem werden die meisten Nutztiere nicht mehr einfach nur ausgebeutet, sondern überausgebeutet und wie Fleisch, Milch oder Eier produzierende Maschinen behandelt, Maschinen im Dienst des Menschen. Ihre natürlichen und sozialen Bedürfnisse werden überhaupt nicht mehr berücksichtigt, und ihre kurze Lebensdauer kann man gar nicht mehr als Leben bezeichnen. Obwohl Geflügel sieben bis zwölf Jahre alt werden könnte, werden die meisten Vögel bereits nach wenigen Monaten, sobald sie ihr optimales Gewicht erreicht haben, geschlachtet. Davor haben sie größtenteils ohne die geringste Bewegungsfreiheit zusammengepfercht in winzigen, in riesigen Lagerhallen übereinandergestapelten Käfigen verbracht. Das Leben von Legehennen kann länger währen, doch es spielt sich unter genauso schrecklichen Bedingungen ab. Was die männlichen Küken angeht, so werden sie sofort »zerstört«. Das Schicksal der großen Mehrheit der Sauen – das »Formfleisch«, wie man sie auch in französischen Massentierhaltungskreisen nennt – ist kaum beneidenswerter: Wochenlang eingesperrt in Käfigen (sie können sich nicht einmal umdrehen), sind sie nur zum Ferkeln da, bevor sie beim Schlachter landen. Die Rinder, die das Glück haben, der industriellen Aufzucht zu entgehen und die die meiste Zeit auf der Weide verbringen können, leben nur einige Jahre, bevor sie auf dem Schlachthof enden, obwohl sie mehr als zwanzig Jahre alt werden könnten. Die Milchkühe werden sehr regelmäßig künstlich besamt, um zu kalben, doch sobald das Kalb geboren ist, wird es von seiner Mutter getrennt, damit man ihre Milch abpumpen kann. Die weiblichen Kälber, Kuhkälber genannt, bleiben am Leben, da ihnen das gleiche bemitleidenswerte Schicksal bevorsteht wie ihren Müttern; die männlichen Kälber wiederum werden, zumeist komplett isoliert und jeglicher Bewegungsfreiheit beraubt, in Boxen eingepfercht, um zartes und schmackhaftes Fleisch anzusetzen, weshalb sie einige Monate in sehr engen Gehegen leben, bevor es schließlich zum Schlachthof geht. Die

Mutterschafe und Ziegen aus dem »Milchsektor« erleiden dasselbe Schicksal, genauso wie die Zicklein und Lämmer, die kurz nach ihrer Geburt von ihren Müttern getrennt und zum Schlachthof gefahren werden.

Die tierärztliche »Betreuung« auf den Bauernhöfen mit intensiver Tierhaltung trägt Betreuung nur im Namen. Denn dieser Euphemismus umfasst auch Verstümmelungen: Das Schnabelkürzen von Legehennen und Puten, die Kastration und das Kupieren der Schwänze bei Schweinen (und das Abschleifen der Zähne) sowie die Enthornung von Rindern.

Die Tierärzte werden vor allem dafür bezahlt, die Ausbeutung dieser Tiere zu unterstützen, aber auch, um die Auswahl im Hinblick auf die weitere Leistungssteigerung zu treffen. In der Folge werden die Tiere krank: Lahmende Milchkühe mit riesigen Eutern, Fettleibigkeit bei Weißblauen Belgier-Rindern, Hühner, die sich nicht mehr auf ihren Beinen halten können, weil sie so schnell zunehmen und die oft dazu verdammt sind, in ihren Exkrementen zu leben, sind die Regel. Zur »tierärztlichen Betreuung« zählen zudem das Vollstopfen mit Antibiotika und Wachstumshormonen, um die Schwäche der zerstörten Immunsysteme auszugleichen, die künstliche Besamung – weil die geschwächten Organismen das Decken nicht überstehen würden – usw. Die Aufgabe der Tierärzte besteht nicht darin, kranke Tiere zu versorgen, sondern darin, Tiere, die durch ihre Mechanisierung völlig aus dem natürlichen Gleichgewicht gebracht wurden, so lange wie aus wirtschaftlicher Sicht nötig am Leben zu erhalten, um sie so rentabel wie möglich zu machen.

Der seit mehr als einem Jahrhundert stetig steigende Fleischkonsum war nur um diesen Preis möglich. Heute werden jedes Jahr ungefähr 60 Milliarden Landtiere (davon 50 Milliarden Hühner) getötet, und die Zahl der Meerestiere, die für

»Welch schlimme Gewohnheit erwirbt der Mensch, wie rücksichtslos erzieht er sich dazu, Menschenblut zu vergießen, wenn er einem Kalb mit dem Eisen die Kehle ritzt und mit ungerührtem Ohr sein Brüllen hört oder wenn er ein Zicklein, das wimmert wie ein Kind, erwürgen oder einen Vogel verzehren kann, dem er selbst Futter gegeben hat!«

OVID
(lateinischer Dichter, 43 v. Chr. – 17 n. Chr., übers. von Michael von Albrecht)

unseren Verzehr geopfert werden, wird auf zwischen 500 und 1000 Milliarden geschätzt. Meist stammen sie aus dem industriellen Fischfang, bei dem die Fische nach Stunden des Todeskampfes qualvoll ersticken, übereinander gestapelt wie Gemüse in Transportbehältern, ganz zu schweigen von den zahlreichen Meeressäugern, besonders den Delphinen, die sich in den Netzen verfangen und ebenfalls durch Ersticken sterben. Die Tiere können aber auch aus Aquakulturbetrieben stammen, in denen sie in Wasserbecken oder -teichen durcheinanderwimmeln, künstlich gefüttert und mit hochdosierten Medikamenten behandelt werden, um die Ausbreitung von Krankheiten, die durch eine solche intensive Zucht ausgelöst werden könnten, zu vermeiden.

Die Tötung von Landtieren, die aus der Tierhaltung stammen, ist ebenso unerträglich. Die Videos, die von versteckten Kameras – in Frankreich insbesondere von der Organisation L 214 – aufgenommen wurden, haben die Realität der Schlachthöfe aufgedeckt. Man muss schon starke Nerven haben, um sich diese Filme anzusehen. Der durch das Streben nach Rentabilität erzwungene Schlachtrhythmus lässt kaum Zeit für Anstand oder gar Mitgefühl: Die bereits im Verlauf des Transports, auf dem sie schonungslos zusammengepfercht wurden, traumatisierten (und manchmal verletzten) Tiere werden der Reihe nach in Todesschleusen geführt, in denen sie schreckerfüllt die Todesschreie der anderen Tiere hören, denen man gerade einige Dutzend Meter weiter entfernt – manchmal noch bei Bewusstsein – die Halsschlagadern durchschneidet. Danach werden sie durch einen Stromstoß oder einen Bolzenschuss ins Gehirn betäubt, doch man weiß, dass etwa 15 Prozent der Tiere noch bei Bewusstsein sind, wenn sie gestochen werden, ganz zu schweigen von all jenen Tieren, die aus religiösen Gründen gar nicht betäubt werden (nämlich beim rituellen Schächten, das von Juden und Muslimen verlangt wird) und die minutenlang unter schrecklichen Leiden im Sterben liegen, während sie ausbluten. Da es für die Schlachthöfe kompliziert ist, zwei Schlachtketten, eine mit und eine ohne Betäubung, zu betreiben, praktizieren zahlreiche französische Schlachthöfe systematisch die Schlachtung ohne Betäubung. Nach einem Bericht, der 2011 dem französischen Landwirtschaftsminister vorgelegt wurde, betraf die rituelle Schächtung ungefähr 40 Prozent der Rinderschlachtungen und 60 Prozent der Schafschlachtungen, obwohl man die Nachfrage nach Fleisch, das *halal* oder *kosher* ist, nur auf unter zehn Prozent schätzt. Was eine Ausnahme sein sollte, ist im Begriff, sich allgemein zu verbreiten, und die Verbraucher werden nie darüber informiert, dass sie Fleisch von Tieren essen, die bei vollem Bewusstsein geschlachtet wurden.

Damit endet das Grauen leider noch nicht. Für die rituelle Schächtung legen die Vorschriften einen Schlachtrhythmus von zwanzig Rindern pro Stunde fest: Das entspricht drei Minuten pro Tier. Doch aus Rentabilitätsgründen beschleunigen viele Schlachthöfe den Rhythmus auf dreißig, ja sogar vierzig Tiere pro Stunde. Da die Tiere weniger als zwei Minuten haben, um auszubluten und das Bewusstsein zu verlieren, sind einige von ihnen noch bei Bewusstsein, wenn sie in der Zerteilkette ankommen. Man steht also vor dem bestürzenden Anblick von Tieren, die an ihren Hinterbeinen aufgehängt und ausblutend ihren Schmerz sowie ihre Panik herausbrüllen, während man beginnt, sie mit der Motorsäge zu zerlegen. Kein Wunder, dass diese Orte genauso gut gesichert sind wie Kernkraftwerke oder geschützte Militärlager: Wer auch immer sich diese Schlachtungen am Fließband anschauen würde, wäre zweifellos geneigt, nie mehr Fleisch zu essen, das aus der Nutztierhaltung stammt, sei sie nun traditionell oder industriell, da alle Tiere auf dieselbe Weise enden. Wie die Verantwortlichen der Organisation L 214 zu Recht proklamieren: Es gibt kein glückliches

Fleisch. Ihre Videos zeigen auch wiederholte Misshandlungen der Tiere: Grundlose Stromschläge, Tritte in den Bauch usw. Diese sadistischen Handlungen geben Aufschluss über den Gemütszustand und die psychischen Störungen einiger Mitarbeiter von Schlachthöfen. Muss man sich jedoch tatsächlich darüber wundern, dass Menschen, die jeden Tag am Fließband Hunderten von Tieren, die verrückt vor Schrecken sind, die Halsschlagadern durchschneiden, ihrerseits verrückt werden? Dieser Beruf ist einer der unmenschlichsten, die es gibt. Einige Mitarbeiter neigen vielleicht zu sadistischen und gewalttätigen Praktiken, doch es scheint mir fast natürlich, dass selbst ein ausgeglichener, empathischer Mensch mit normalen Affekten schließlich abstumpft, um den Alltag in einem solchen Klima aus Blut, Leid und Tod zu ertragen. Es könnte auch sein, dass manche, wenn sie die Tiere derartig misshandeln und sie auf banale Gegenstände reduzieren, auf schreckliche Weise demonstrieren wollen, dass sie keinerlei Empfindungsfähigkeit und Würde besitzen. In gewisser Weise wäre das ein Weg, um sich von Schuldgefühlen zu befreien.

Der Psychiater und Verhaltensforscher Boris Cyrulnik, einer Eurer besten Freunde, zitiert die Aussage von Christiane Haupt, einer jungen Tierärztin, die ein Praktikum in einem Schlachthof absolvierte: »Ich denke, dass – abgesehen von einigen Ausnahmen – die Personen, die hier arbeiten, nicht unmenschlich reagieren, sie sind nur mit der Zeit gleichgültig geworden, genauso wie ich. Das ist Selbstschutz. Nein, die wahren Unmenschen sind diejenigen, die täglich diese Massenmorde anordnen und die wegen ihrer Gier nach Fleisch die Tiere zu einem erbärmlichen Leben und einem kläglichen Ende verurteilen, und die andere Menschen dazu zwingen, eine entwürdigende Arbeit auszuführen, die sie verrohen lässt. Auch ich selbst werde nach und nach ein kleines Rädchen in dieser monströsen Todesautomatik.«[3]

»Die Arbeitsteilung bei der Ausbeutung und Schlachtung sowie die Aufteilung der Verantwortlichkeiten ermöglichen es, unsere individuelle Teilnahme an der Misshandlung und am Mord zu verschleiern.«

ÉLISABETH DE FONTENAY
(französische Philosophin, geb. 1934)

Die Sprache all derer, die Tieren auf institutionelle Weise (und somit gesellschaftlich akzeptiert) Leid zufügen oder sie töten, ist überaus aufschlussreich für diese »Distanzierung«, die es ermöglicht, solche Handlungen ohne Gewissensbisse vorzunehmen. Schweine werden mit »Formfleisch« gleichgesetzt. Ein Huhn, das weniger schnell Eier legt und dazu bestimmt ist, als Brühwürfel zu enden, oder eine Pute, die nicht mehr fruchtbar ist, werden »ausgemustert« bzw. »gekeult«. Die quiekenden Ferkel, deren Schwänze man ohne Betäubung kupiert – damit sie einander in den engen Käfigen, in denen sie verdammt sind zu leben, nicht verletzen –, empfinden angeblich keinerlei Schmerz, sondern nur eine »Nozizeption«, das heißt einen einfachen, durch einen Reiz ausgelösten physiologischen Reflex. Die Tiere, die man im Dienste der medizinischen Forschung allen möglichen schmerzhaften Behandlungen unterzieht, werden als »biologische Werkzeuge« bezeichnet. Dieses Vokabular aus Euphemismen und Neologismen ermöglicht es, die Realität zu kaschieren und uns ein gutes Gewissen zu vermitteln. Die Werbung für Milch oder tierische Produkte, die immer glückliche Bauernhoftiere zeigt, verfolgt genau dasselbe Ziel. »Was bringt ›La Vache qui rit‹ so zum Lachen?«, fragt sich der Wissenschaftler und buddhistische Mönch Matthieu Ricard, der ein großartiges *Plädoyer für die Tiere* verfasst hat.[4] Etwa der unmittelbar bevorstehende Tod ihres Kalbes, das man ihr entrissen hat, bevor sie ihm auch nur einen Tropfen Milch geben konnte? Oder die Tatsache, dass sie jahrelang in einer Box eingepfercht bleiben wird, bevor sie »reformiert« und ebenfalls in den Tod geschickt wird?[5] Wir verbergen das Leid, das wir Euch zufügen, wir schaffen eine Distanz, wir verschleiern die Realität, um uns nicht schuldig fühlen zu müssen.

Wie können Menschen, die *a priori* keine Monster sind, ihre Tage damit verbringen, Lebewesen Leid zuzufügen und sie zu töten, ohne dass dies ihre persönliche Moral berührt? Die Frage reicht weit über den Rahmen der Misshandlung von Tieren hinaus. Sie wurde insbesondere von zahlreichen Autoren in Bezug auf die Nazis gestellt, die für die Vernichtung der Juden in den Konzentrationslagern verantwortlich waren. Unter ihnen waren sensible und kultivierte Personen, gute Familienväter. Töten konnten sie nur, weil diese Männer die Juden nicht länger als Menschen betrachteten: Durch das Schüren aller nur erdenklichen Vorurteile gegen sie hatte die Nazi-Ideologie sie entmenschlicht. Und da die Notwendigkeit dieser Vernichtung Konsens war und die Aufgaben aufgeteilt wurden, nahm sich jeder Nazi, der auf der einen oder anderen Ebene Teil dieser gigantischen Todesmaschinerie war, nur als ein ausführendes Organ unter all den anderen wahr: Seine moralische Verantwortung war verwässert. Ähnliches gilt auch für das massenhafte Abschlachten der Nutztiere. Vom industriellen Tierhalter, der es erträgt, den ganzen Tag lang Tiere im Käfig zu sehen, über den Angestellten des Schlachthofs, der Tiere am Fließband sticht, bis hin zum Tierarzt, der sein Wissen nicht dafür verwendet, den Tieren zu helfen, sondern dafür, dieses riesige, rein auf Produktivität ausgerichtete System zu unterstützen: Sie alle können nur deshalb ohne schlechtes Gewissen arbeiten, weil sie Euch »ent-tierlichen«, um Euch zu Sachen zu erklären.

Natürlich geht es nicht darum, den Genozid an den Juden (die Shoah) mit dem Abschlachten der Nutztiere auf eine Stufe zu stellen. Das Leben der Menschen ist für mich wertvoller als das der Tiere, und die Absicht der Nazis – die weltweite Vernichtung des jüdischen Volkes – hat nichts mit dem Ziel der Akteure in der industriellen Tierzucht und Schlachtung zu tun (nämlich Fleisch zu den geringstmöglichen Kosten zu produzieren). Die Nutztiere werden aus wirtschaftlichen Gründen misshandelt und nicht im Dienste eines

Dogmas, das ihre Auslöschung fordert. Doch man kann, so wie Überlebende von Konzentrationslagern es selbst getan haben, Analogien zwischen diesen beiden industriellen Tötungsprozessen ziehen.

Beispielsweise lässt Isaac Bashevis Singer, Träger des Nobelpreises für Literatur, dessen Mutter und mehrere Familienmitglieder in Polen getötet wurden – insbesondere im Lager von Treblinka, wo zwischen 800 000 und 900 000 Personen ermordet wurden –, ohne Zögern eine Figur aus einer seiner Novellen in Bezug auf »gequälte und vernichtete« Tiere formulieren: »Für diese Kreaturen sind alle Menschen Nazis; für die Tiere ist es ein ewiges Treblinka.«[6]

Seid Ihr also nichts weiter als Sachen?

Ihr müsst Euch fragen, liebe Tiere, wie der Mensch, der in vielerlei Hinsicht eigentlich intelligent erscheint, zu einem so absurden Gedanken kommen konnte, Euch nur als Sachen zu betrachten. Es reicht doch, wenige Stunden mit Euch zu verbringen, um Eure Sensibilität, Eure Gefühle und Eure Fähigkeit, Freude und Leid zu empfinden, zu erkennen. Wie konnten so viele wohlgesinnte Erwachsene, Philosophen, Politiker, Wissenschaftler und Züchter leugnen, was bereits ein dreijähriges Kind auf Anhieb versteht, wenn es mit Euch in Kontakt tritt? Für den gesunden Verstand ist es kaum nachvollziehbar, aber eine Erklärung dafür liegt in der außerordentlichen Fähigkeit des Menschen, die Wahrheit an seine jeweiligen Wünsche und die Wirklichkeit an seine jeweiligen Bedürfnisse anzupassen. Die seit Jahrtausenden verbreitete These der Unterlegenheit der Tiere gegenüber dem Menschen ist aus religiösen Diskursen hervorgegangen, die aus theologischen Gründen beabsichtigten, einen unüberwindbaren Unterschied zwischen Euch und uns herzustellen. Später setzte sich die moderne Wissenschaftsideologie durch, die Euch als Labormaterial verwenden wollte. Schließlich trat die zeitgenössische Konsumideologie auf den Plan, die dem eingeschlagenen Weg des Differentialismus weiter folgte, um den massiven Verzehr von Tierfleisch voranzutreiben. Kurzum, durch Eure Herabsetzung und Herabwürdigung und schließlich Eure Verdinglichung haben wir uns mit gutem Gewissen das Recht zuerkannt, Euch auszubeuten und zu töten.

Wie bereits Mark Twain feststellte: »Der Mensch ist das einzige Tier, das errötet; er ist im Übrigen auch das einzige Tier, das einen Grund hat, wegen etwas zu erröten.«[7]

Ich werde kurz die wichtigsten Etappen dieser langen Geschichte unserer Herrschaft über Euch skizzieren und erläutern, wie wir sie mit Hilfe angeblich rationaler Begründungen gerechtfertigt haben.

Kehren wir zurück zu dem, was ich Euch weiter oben in Bezug auf den Sieg des *Homo sapiens*, des gemeinsamen Vorfahren aller heutigen Menschen, erklärt habe. Die tiefgreifende Veränderung seiner Lebensweise vom nomadischen Jäger und Sammler hin zum sesshaften Ackerbauern und Viehzüchter wurde von einer Revolution seines mythisch-religiösen Denkens begleitet. Er hörte auf, zu den Natur- und Tiergeistern zu sprechen, und glaubte fortan an Gottheiten, die der natürlichen Welt enthoben waren und zu denen er nun betete. Sich selbst erklärte er nun zum »Herrscher über die Welt« und als allen anderen Lebewesen überlegen. Diese Erklärung war natürlich nicht das Ergebnis einer Abstimmung unter den Tieren, um den Besten unter ihnen zu wählen! Ohne Euch um Eure Meinung zu fragen, haben wir uns als radikal verschieden von Euch und zugleich als Euch weit überlegen definiert. Dies geschah zuerst in dem neuen religiösen Kontext, der mit der Sesshaftwerdung und diesem ersten Bruch des Menschen mit der Natur verbunden war. Der deutsche Soziologe Max Weber sprach in diesem Zusammenhang von der »Entzauberung der Welt«: Für den Menschen der frühen Gesellschaften nach dem Ende der Steinzeit verliert die Welt Stück für Stück ihren »magischen Sinngehalt (Aura)«. Indem der Mensch rationale Erklärungen für natürliche Phänomene findet, distanziert er sich immer mehr von der Natur, die damit keine belebte, verzauberte Welt mehr ist, keine nährende Mutter mehr, deren Nabelschnur sich niemals ablöst. Stattdessen wird sie nun zu einer von ihm getrennten, distanzierten Realität, die reich an manipulierbarem Material, an ausbeutbaren Ressourcen und an zähmbarem Leben ist.

Gleichzeitig betrachtet sich der Mensch als Krone der Schöpfung, als das wichtigste Wesen auf Erden, da er der Einzige ist, der mit den Göttern kommunizieren kann. Da er sich als Vertreter der himmlischen Welt auf Erden, als das vollendetste und einzige Geschöpf versteht, das nach göttlichem Abbild geschaffen wurde, rechtfertigt er seine Macht und Herrschaft über die anderen Lebewesen. Als Echo zahlreicher früherer polytheistischer Traditionen drückt dies der biblische Text der Genesis im Rahmen des sich entwickelnden monotheistischen Denkens sehr gut aus: »Dann sprach Gott: Lasst uns Menschen machen als unser Bild, uns ähnlich! Sie sollen walten über die Fische des Meeres, über die Vögel des Himmels, über das Vieh, über die ganze Erde und über alle Kriechtiere, die auf der Erde kriechen. Gott erschuf den Menschen als sein Bild, als Bild Gottes erschuf er ihn. Männlich und weiblich erschuf er sie. Gott segnete sie und Gott sprach zu ihnen: Seid fruchtbar und mehrt euch, füllt die Erde und unterwerft sie euch und herrscht über die Fische des Meeres, über die Vögel des Himmels und über alle Tiere, die auf der Erde kriechen!«[8]

Was allen frühen religiösen Traditionen, die nach der Jungsteinzeit in Erscheinung traten, gemein ist (mit Ausnahme der ersten Religionen animistischen Typs), unabhängig davon, ob sie nun theistisch oder atheistisch, polytheistisch oder monotheistisch sind, ist der Glaube, dass der Mensch den Tieren überlegen ist, weil er einen besonderen Geist besitzt (welchen Namen man ihm auch immer geben mag). Letzterer macht ihn dem Göttlichen ähnlich oder eröffnet ihm eine Heils- oder Befreiungsperspektive, die den anderen Tieren verwehrt bleibt. Einige Verteidiger von Tieren werfen dem jüdisch-christlichen Denken vor, für die Theorie der Überlegenheit des Menschen verantwortlich zu sein. Sie verteidigen stattdessen asiatische Religionen, die an die Seelenwanderung glauben, eine Theorie, die eine spirituelle Kontinuität des Lebendigen behauptet. Diese Vorstellung ist jedoch irrig. Selbst eine Religion wie der Buddhismus, der doch das Mitgefühl mit allen Lebewesen ins Zentrum seiner Botschaft rückt, vertritt die Auffassung, dass nur die Menschen die Erleuchtung erreichen können. Zweifellos besitzen auch die Tiere die »Buddha-Natur«, doch diese ist nur als Potenzial angelegt, und ein Tier muss eines Tages als Mensch wiedergeboren werden (und zwar eher als Mann statt als Frau), wenn es das Nirwana, die endgültige Befreiung aus dem unaufhörlichen Kreislauf der Wiedergeburten, erreichen möchte, denn es besitzt nicht die intellektuellen Fähigkeiten, die es ermöglichen würden, dieses Stadium zu erreichen. Dasselbe gilt für den Hinduismus (der den Vegetarismus bevorzugt) und den Jainismus (eine Religion, die sehr respektvoll gegenüber Tieren ist und ihre Tötung verbietet): Auch dort kann die Befreiung (*Moksha*) nur in einer menschlichen Inkarnation erreicht werden. Und auch wenn die buddhistischen und hinduistischen Texte aufgrund des Glaubens an die Seelenwanderung aktives Wohlwollen oder Mitgefühl gegenüber den Tieren empfehlen, so ist dieses doch sehr ungleich verteilt.

In Indien werden bestimmte Tiere verehrt, während andere verachtet werden. Wer in ein buddhistisches Land reist, wird feststellen, dass das Schicksal von Tieren dort kaum beneidenswerter ist als andernorts, ja, dass es dort sogar noch schlimmer sein kann. Die industrielle Tierhaltung grassiert auch dort, die Haustiere werden manchmal misshandelt und

»Es ist mehr als gewiss, dass dieses widerliche Gemetzel, das unablässig in unseren Metzgereien und Küchen ausgebreitet wird, uns nicht wie ein Übel erscheint: Im Gegenteil, wir betrachten dieses oft übelriechende Grauen wie eine Segnung Gottes. Und wir danken ihm auch noch in unseren Gebeten für diese Morde.«

VOLTAIRE
(Philosoph der Aufklärung, 1694–1778)

selten so beschützt wie im Westen. Wenn ich als Hund oder Katze wiedergeboren werden müsste, würde ich mich ohne zu zögern für Europa statt für Asien entscheiden!

Der radikale Unterschied zwischen dem Menschen und den anderen Tieren wird auch von den großen griechischen Weisheitslehren der antiken Welt betont. Die meisten dieser Schulen – der Platonismus, der Aristotelismus, der Stoizismus, der Neuplatonismus – sind der Ansicht, dass der Mensch eine einzigartige Seele göttlichen Ursprungs besitzt. Ihr verdankt er intellektuelle Fähigkeiten, die denen der Tiere weit überlegen sind. So behauptet der Stoizismus, der über fast tausend Jahre einen beträchtlichen Einfluss in der griechischen und römischen Antike besaß, dass nur der Mensch einen *logos* besitzt, der wiederum dem göttlichen *logos* entstammt, der universellen Vernunft, die die Welt regiert. Das ist auch der Grund dafür, weshalb die Tiere keine Rechte haben können, denn die Gerechtigkeit verlangt einen Gesellschaftsvertrag, der auf Wechselseitigkeit beruht, und den können nur die Menschen aufgrund ihrer überlegenen intellektuellen Fähigkeiten schließen. Obwohl sie weder an die Götter noch an eine unsterbliche spirituelle Seele glauben, teilen die Epikureer diese Ansicht: Die Menschen haben keine Pflichten gegenüber denen, die nicht am Gesetz teilhaben. Aristoteles behauptet seinerseits, die ganze Natur sei für den Menschen geordnet: »Da die Natur nie etwas Unnützes oder Vergebliches tut, ist es unbezweifelbar wahr, dass sie alle Tiere zum Wohl des Menschen gemacht hat.«[9]

Es besteht somit eine enge Wechselbeziehung zwischen der biblischen Vorstellung und der vorherrschenden Vorstellung im griechischen Denken: Die Tiere existieren zum Wohl des Menschen, und Letzterer darf sie verwenden, ohne ihnen gegenüber Pflichten zu haben außer der Pflicht zur Vermeidung von Grausamkeiten – und das nicht etwa, weil die Grausamkeit gegenüber Tieren diesen Leiden zufügt, sondern weil sie die menschliche Seele verdirbt. Das bekräftigt auch der große mittelalterliche Theologe Thomas von Aquin in seiner *Summa Theologica*: Man kann die vernunftlosen Geschöpfe nicht mit Nächstenliebe lieben (man kann sie daher nutzen oder töten), doch sind willkürliche, grausame Handlungen zu vermeiden, weil sie die Grausamkeit unter den Menschen fördern. Diese Position vertritt auch Immanuel Kant, Philosoph der Aufklärung, der die Tiere aufgrund der ihnen unterstellten Vernunftlosigkeit als Mittel ansieht, die Zwecken dienen. Demnach wäre es nicht unmoralisch, sie als Sachen zu behandeln, die man verkaufen, kaufen, verwenden, töten usw. darf, jedoch stets ohne Anwendung von Grausamkeit, um eine sittliche Abstumpfung der Menschen zu vermeiden (da Grausamkeit ein Laster darstellt). Wenngleich das griechische und christliche Denken dem Menschen mehrheitlich eine uneingeschränkte Macht über die Tiere zugestehen, leugnen sie zumindest nicht, dass Letztere empfindungs- und leidensfähige Lebewesen sind.

Dennoch geht der französische Philosoph und Mathematiker René Descartes im 17. Jahrhundert einen Schritt weiter: In seinen Schriften setzt er Euch mit einfachen Maschinen gleich. Descartes postuliert eine radikale Trennung zwischen Seele und Körper und betrachtet Letzteren als eine Art Mechanik. Und da die Tiere Descartes zufolge über keine geistige und fühlende Seele verfügen, sind sie mit Sachen vergleichbar und unfähig zu leiden: »Tiere sind nichts anderes als Maschinen. Tiere bewegen sich nach rein mechanischen Gesetzmäßigkeiten. Sie sind gefühllos wie Metall und verspüren keinen Schmerz. Forschergeist darf sie bedenkenlos erkunden, darf Organ für Organ demontieren, gerade so wie der Uhrmacher das Räderwerk einer Uhr. Brennt man ihre Haut mit glühenden Eisen, dann winden sie sich zwar, schneidet man mit einem Skalpell in ihr Fleisch, dann schreien sie zwar, aber da ist kein wirkliches Empfinden. Ihre Schmer-

»Die Größe spielt keine Rolle: Die Achtung gegenüber jedem Leben und gegenüber jedem empfindungsfähigen Wesen, das will, wirkt und liebt, ist ein Muss für jeden, der in dem Glauben, Dinge zu untersuchen, auf Seelen stößt.«

JULES MICHELET
(französischer Historiker, 1798–1874)

zensschreie bedeuten nicht mehr als das Quietschen eines Rades. Sind ihre Handlungen komplizierter als die einer Uhr, dann nur deswegen, weil letztere von Menschen gebaut wurden, erstere jedoch unendlich komplizierte Schöpfungen Gottes sind.«[10] Es sei angemerkt, dass Descartes ein überzeugter Gläubiger und gründlicher Leser der Schriften des heiligen Augustinus war, der behauptete, dass die Tiere nicht leiden könnten, da das Leiden gemäß der Genesis eine Folge der Erbsünde sei und daher eine Eigentümlichkeit des Menschen darstelle.

Die cartesianische Position mag absurd sein und schon unseren einfachsten Kenntnissen über Euch widersprechen. Dennoch wird sie, liebe Tiere, zum Wegbereiter für wissenschaftliche Versuche an Euch; so quält man Euch nun, zum größten Wohl der Menschheit, mit bestem Gewissen, da man davon ausgeht, dass Ihr ohnehin nicht leidet. Ebenso wird der Cartesianismus zum Wegbereiter für die industrielle Tierzucht und -haltung, in denen ihr verdinglicht werdet. Der menschliche Geist kann eben sein Denken und seine Fähigkeit zur Abstraktion so weit treiben, dass er selbst die sinnliche Erfahrung leugnet, zu der der direkte und vertraute Umgang mit der Tierwelt eigentlich jeden Menschen zwingt.

Doch wir werden weiter unten noch auf philosophische und religiöse Traditionen mit abweichenden Auffassungen eingehen, die diese Erniedrigung und Knechtung der Tiere ablehnen. Man muss aber wohl oder übel eingestehen, dass sie in der Minderheit geblieben sind und sich nicht in unserem Bewusstsein haben durchsetzen können, da die Versuchung, Euch zu beherrschen, auszubeuten und zu essen, sich gegen alle anderen Überlegungen durchgesetzt hat. Wir hören daher lieber auf Argumente, die unsere Praktiken rechtfertigen, und bleiben taub gegenüber jedem Argument, das sie in Frage stellt.

Sind wir wirklich so unterschiedlich?

Aus ideologischen und nutzenorientierten Gründen haben die Menschen also jahrtausendelang auf ihrer behaupteten Überlegenheit gegenüber Euch beharrt. Die Erforschung der »besonderen Wesensmerkmale des Menschen« ist eine der Hauptobsessionen des religiösen wie philosophischen Denkens. Von der Erkenntnis über die Empfindung, über das Bewusstsein, die Moral, das Werkzeug oder das Lachen bis hin zur Kultur haben wir uns alle Mühe gegeben zu beweisen, dass wir uns radikal von Euch unterscheiden. Dennoch haben sich auch diesbezüglich im Verlauf der Jahrhunderte abweichende Stimmen zu Wort gemeldet und unsere tiefgreifenden Ähnlichkeiten betont. Die Moralisten des 17. Jahrhunderts wie etwa der Fabeldichter Jean de La Fontaine haben sich besonders auch auf die Volksweisheit gestützt, die große Charakterähnlichkeiten zwischen Menschen und Tieren beobachtet hatte. Ein Jahrhundert früher hatte bereits der Schriftsteller Michel de Montaigne diese Tatsache betont: »Zwischen einem Idealmenschen und einem gewöhnlichen Menschen ist der Unterschied größer als der zwischen manchen Menschen und manchem Tier.«[11] Es gibt dumme Menschen und Tiere, sanftmütige Menschen und Tiere, wilde Menschen und Tiere usw. Im 2. Band seiner *Essais* widmet er Euch ein ganzes Kapitel, in dem er anhand von Beispielen aus seiner Erfahrung und anhand der Sichtung antiker Autoren zeigt, wie sehr Ihr uns in Eurer Intelligenz, Eurer Empfindsamkeit und Emotionalität ähnelt. Montaigne betont auch mit viel Ironie die Überheblichkeit, mit der der Mensch beansprucht, sich über die anderen Tierarten zu erheben und alles von seinem eigenen Standpunkt aus zu verstehen, ohne sich jemals vorzustellen, dass die anderen Arten es genauso machen könnten:

> Denn warum soll ein Gänschen nicht so argumentieren? »Alles in der Welt bezieht sich auf mich; die Erde dient mir zum Gehen, die Sonne zum Leuchten, die Sterne sind dazu da, auf mich einzuwirken; allen Nutzen vom Wind, vom Wasser habe ich; mich beschützt das Himmelsgewölbe am freundlichsten; ich bin der Liebling der Natur! Ist es nicht der Mensch, der mich versorgt, mich unterbringt und mich bedient? Für mich läßt er säen und mahlen […].«[12]

Montaigne hebt einen wesentlichen Punkt hervor: Wir haben stets versucht, die Tiere von unserer eigenen Logik und unserer eigenen Denkweise her zu verstehen. Doch um Euch zu verstehen, müsste man sich in Euren Kopf hineinversetzen und Eure Art zu denken annehmen. Erst seit sehr kurzer Zeit – seit einigen Jahrzehnten – interessiert man sich endlich ein wenig für Eure Sichtweise. Die Ethologie, die das Verhalten von Tieren – den Menschen eingeschlossen – erforscht, ist eine junge Wissenschaft, die unseren Blick auf Euch vollkommen verändert hat, wie Boris Cyrulnik in Erinnerung ruft:

> Die Forscher interessieren sich immer mehr für die Sichtweise der Tiere, und dadurch werden sich uns Tore zu neuen Forschungen, einem anderen Gebrauch der Tierwelt, anderen Definitionen und wahrscheinlich anderen Beziehungen eröffnen; wir werden zu

neuen Denkansätzen gezwungen werden und dazu, auch neue, weniger starre experimentelle Methoden zu entwickeln.[13]

Letzteres ist ein entscheidender Punkt: Waren die Beobachter lange Zeit enttäuscht von den ›Antworten‹, die die Tiere in Tests lieferten, denen sie unterzogen wurden, um beispielsweise ihre Intelligenz zu messen, so lag dies schlicht daran, dass der Aufbau dieser Tests unserer eigenen Denkweise entsprach und nicht der tierischen. »Weil wir ihnen allmählich intelligente Fragen gestellt haben, sind ihre Antworten aussagekräftig geworden«, betont die Wissenschaftsphilosophin Vinciane Despret. Werner Heisenberg, einer der Pioniere der Quantenphysik und Entdecker der Unschärferelation, gab sehr richtig zu bedenken, dass »das, was wir beobachten, nicht die Natur selbst ist, sondern die Natur, die unserer Art der Fragestellung ausgesetzt ist.«[14] Die Art, in der wir das Verhalten von Tieren untersuchen, die Methoden, die wir dafür auswählen, die Empathie, die wir für die beobachteten Tiere empfinden oder auch nicht, all das ist entscheidend. »Die Herausforderung besteht darin, Tests zu entwickeln, die dem Temperament eines Tieres, seinen Interessensschwerpunkten, seiner Anatomie und seinen sensorischen Fähigkeiten entsprechen«,[15] schreibt der niederländische Verhaltensforscher Frans de Waal, der zahlreiche Werke über das Verhalten von Tieren verfasst hat. Konrad Lorenz schließlich, der Wegbereiter der modernen Verhaltensforschung, war ebenfalls der Ansicht, dass man ohne ein intuitives, auf Liebe und Respekt gegründetes Verständnis für Tiere keine wirksamen Forschungen über sie anstellen könne.

Ende des 19. Jahrhunderts hatte bereits der Erfinder der Evolutionstheorie, der große Charles Darwin, in seinem Werk *Der Ausdruck der Gemütsbewegungen bei dem Men-*

schen und den Tieren, versucht, den Reichtum des emotionalen Lebens von Tieren, der von der cartesianischen Logik vollkommen bestritten wurde, aufzuzeigen. Seither haben Tausende empirischer Studien, die an zahlreichen wilden und domestizierten Arten vorgenommen wurden, den affektiven und emotionalen Reichtum der Tiere belegt. Diese empfinden Angst, Wut, Trauer, Freude, Liebe, Freundschaft, Begierde, Freude, Ekel, Verärgerung, Verbundenheit und selbstverständlich auch körperliches ebenso wie emotionales Leiden.

Die Frage nach der Intelligenz der Tiere ist schwieriger zu beantworten, weil wir sie zu lange Zeit am Maßstab unserer eigenen Kriterien untersucht haben. Doch seit etwa dreißig Jahren mehren sich die Studien, die die unterschiedlichen Typen von Intelligenz bei Tieren offenbaren. So hat man gezeigt, dass mehrere Arten – die Menschenaffen, Hunde, Delphine, Vögel, Ratten, Kraken usw. – über bemerkenswerte kognitive Fähigkeiten verfügen, deduktive Schlüsse ziehen können, ein hervorragendes visuelles Erinnerungsvermögen und die Fähigkeit besitzen, mit Zukünftigem zu rechnen. Die von uns so verachteten Schweine haben nicht nur ein sehr komplexes emotionales und soziales Leben, sondern die Studien von Stanley Curtis und Julie Morrow, zwei Forschern der Universität von Pennsylvania, haben auch gezeigt, dass ihre kognitiven Fähigkeiten ebenso weit entwickelt sind wie die von Hunden und manchmal sogar von Menschenaffen. So brachten die beiden Forscher den Schweinen sogar bei, Computer zu verwenden, um ihre Lebensbedingungen zu verbessern! Die Schweine lernten zudem schneller als Hunde und Schimpansen, wenn es ums Spielen von Videospielen ging, und bewiesen so eine erstaunliche Abstraktionsfähigkeit.

Lange Zeit hieß es, dass die Verwendung und Produktion von Werkzeugen ein besonderes Wesensmerkmal des Menschen sei und dass Affen in Gefangenschaft Werkzeuge nur in Nachahmung des Menschen verwenden würden. Diese Behauptung wurde durch die Arbeiten der Primatologin Jane Goodall widerlegt: In ihrer natürlichen Umgebung verwenden die Menschenaffen nicht nur häufig Gegenstände als Werkzeuge (zum Beispiel einen Stein, um Nüsse zu knacken), sondern sie können sie auch herstellen (etwa indem sie mehrere Gegenstände zusammenfügen, um ein Werkzeug für einen ganz bestimmten Bedarf zu basteln). So fand die Forscherin heraus, dass die Schimpansen zwischen 15 und 25 Werkzeuge pro Gemeinschaft verwendeten, darunter einige sehr raffinierte.

Im Jahr 2007 schlug Ayumu, ein junger männlicher Schimpanse, dem man beigebracht hatte, eine numerische Tastatur zu verwenden, bei einem visuellen Gedächtnistest alle Menschen, die sich mit ihm maßen. Dabei tauchten für extrem kurze Zeit (eine Fünftelsekunde) Zahlen auf dem Bildschirm auf. Den am besten trainierten Menschen gelang es, sich maximal fünf von ihnen zu merken. Ayumu hingegen gelang es, sich bis zu neun Zahlen zu merken und er tippte sie, sehr zum Erstaunen der Experimentatoren, in seine Tastatur ein. Man könnte unzählige weitere Beispiele anführen, die die kognitiven Fähigkeiten belegen, die von Tieren sehr unterschiedlicher Arten entwickelt wurden. Kraken sind zu erstaunlichen Dingen fähig, so können sie beispielsweise Arzneimittelflaschen öffnen, die mit einer Kindersicherung ausgestattet sind (man muss den Deckel gleichzeitig nach unten drücken und ihn drehen, um sie zu öffnen). Tauben wiederum ist es gelungen, Meisterwerke voneinander zu unterscheiden und verlässlich verschiedenste Gemälde von Picasso und Monet anhand ihrer unterschiedlichen Stile zu identifizieren.

»Zwischen einem Idealmenschen und einem gewöhnlichen Menschen ist der Unterschied größer als der zwischen manchen Menschen und manchem Tier. Denn ich glaube nicht, dass die Distanz zwischen Tier und Tier so groß ist wie der Abstand zwischen Mensch und Mensch in Sachen Klugheit, Vernunft und Gedächtnis.«

MICHEL DE MONTAIGNE
(französischer Denker, 1533–1592, übers. von Arthur Franz)

Lange Zeit glaubte man auch, dass nur die Menschen über ein Bewusstsein von sich selbst und anderen Individuen verfügen, insbesondere durch das Erkennen von Gesichtern. Doch zahlreiche Versuche haben auch dieses Vorurteil widerlegt. Man weiß heute, dass mehrere Arten in der Lage sind, das Gesicht jedes Individuums ihrer Gemeinschaft zu erkennen. Das gilt nicht nur für Affen, sondern auch für Raben, Schafe und sogar Wespen! Das Selbstbewusstsein wiederum, das sich im Erkennen des eigenen Gesichts zeigt, konnte mit Hilfe des Spiegeltests nachgewiesen werden. Im Jahr 1970 hatte der amerikanische Psychologe Gordon Gallup die Idee, auf das Gesicht eines Menschenaffen, der sich in einem Narkoseschlaf befand, einen Fleck zu malen, den er nach seinem Erwachen nur sehen konnte, indem er sich sein Bild im Spiegel anschaute. Doch kaum hatte er sich im Spiegel entdeckt, legte der Affe auch schon seine Hand auf den Fleck, um ihn zu entfernen. Der Test wurde anschließend auch erfolgreich auf andere Arten angewendet, wie etwa auf den Elefanten, der systematisch mit seinem Rüssel den Farbfleck berührt, der im Spiegel auf seiner Wange sichtbar ist, während er sich um einen anderen, unsichtbaren Farbfleck, der ihm gleichzeitig auf die andere Seite seines Gesichts gekleckst wurde, in keiner Weise kümmert. Zudem konnte man bei den Arten, die über ein Bewusstsein von sich selbst und anderen verfügen, beobachten, dass die untersuchten Individuen, so wie Menschen auch, ganz genau wissen, wie man betrügt, kalkuliert und die Absichten anderer manipuliert, um seine eigenen Ziele zu erreichen. Bei Studien an Delphinen fand man wiederum heraus, dass jedes Individuum einen »Namen« trägt und dass die Mitglieder einer Delphingruppe einander mittels eines besonderen Tons (des sogenannten Signaturpfiffs) bei ihrem »Namen« rufen.

Die Tatsache, dass Ihr nicht dieselbe Sprache sprecht wie wir Menschen, erschwert uns den Zugang zu Eurer inneren kognitiven und affektiven Welt sehr. Und dasselbe gilt für Euch: Wir müssen Euch bisweilen wirklich rätselhaft erscheinen! Um dieses Hindernis zu überwinden, hatten einige Forscher die Idee, Euch die Zeichensprache beizubringen. Die Ergebnisse waren verblüffend. Die Menschenaffen erlernen sie leicht und teilen so den Menschen, die sie ihnen beigebracht haben, ihre Gedanken und Emotionen mit. Die Verhaltensforscherin Francine Patterson schildert den Fall eines jungen, aus Afrika mitgebrachten Gorillawaisen, dem sie die Zeichensprache beigebracht hatte. Eines Tages, als er besonders traurig schien, fragte sie ihn nach dem Grund. Er antwortete mittels der Zeichen, die bedeuteten: »Mutter getötet«, »Wald« und »Jäger«. Mit drei Zeichen hatte er seine Geschichte erzählt. Andere Verhaltensforscher kamen auf die Idee, die emotionale und kognitive Intelligenz von Papageien zu testen und zu prüfen, ob sie auch jenseits der einfachen mechanischen Wiederholung von Worten, die sie gehört hatten, mit Menschen kommunizieren könnten. Das Ergebnis war erstaunlich. Bestimmten Papageien gelingt es, verschiedene Objekte zu unterscheiden und zu lernen, wozu sie dienen, sowie die Unterschiede in ihren Größen, Farben und Formen zu erkennen. Sie sind zudem in der Lage, Emotionen und Gefühle auszudrücken.

   Man hat sich auch Gedanken über Eure Moralität und Euren Altruismus gemacht, wobei man glaubte, dass diese Fähigkeiten ein besonderes Wesensmerkmal des Menschen darstellen. Doch auch dies entpuppte sich als Irrtum. Zahlreiche Studien an Menschenaffen haben gezeigt, dass sie sehr sensibel für das Leiden ihrer Artgenossen sind und es zu lindern versuchen, was bisweilen bis zur Selbstaufopferung gehen kann. Schimpansen werfen sich ins Wasser, um einem ihrer Angehörigen zu helfen, obwohl sie nicht schwimmen können. Noch häufiger unterstützen Schimpansenweibchen ältere Weibchen, die sich nicht mehr fortbewegen können, um Wasser zu holen. In einer berühmten Studie wurde ein Schimpanse vor ein schreckliches Dilemma gestellt. Jedes Mal, wenn er sich Futter nahm, wurde einem Artgenossen in Form eines Stromstoßes Schmerz zugefügt. Sobald die Affen den Zusammenhang zwischen ihrer eigenen Sättigung und dem Schmerz ihres Artgenossen verstanden hatten, zog die Mehrheit der Affen es vor, zu verhungern, als zur Ursache für das Leid eines anderen Affen zu werden. Wie viele Menschen würden dasselbe für ihre Mitmenschen tun? In seinem Werk *Der Mensch, der Bonobo und die Zehn Gebote: Moral ist älter als Religion* führt Frans de Waal unzählige Beispiele für den angeborenen Sinn für Moral bei Menschenaffen an. Diese haben einen sehr entwickelten Sinn für Gerechtigkeit und bringen ihre Wut zum Ausdruck, sobald sie sich als Opfer einer Ungerechtigkeit betrachten.

Viele Menschen, die Euch nicht kennen, zweifeln daran, dass Ihr Empathie oder Mitgefühl für Individuen einer anderen Art als der Euren zeigen könnt. Es genügt jedoch, Tiere unterschiedlicher Arten zu beobachten, die zusammen leben, um zu erkennen, dass dies falsch ist. Sicherlich können Hunde und Katzen sich zanken, doch sie können auch einander helfen und zärtliche Liebe und Mitgefühl füreinander zeigen: Das habe ich unzählige Male selbst bei mir zu Hause beobachtet. Als Chaman, eine meiner Katzen, einmal nach einer Operation geschwächt nach Hause kam, hat mein sehr großer Leonberger Hund Gustave sie sehr lange abgeschleckt, um ihr seine Empathie zu zeigen, und er schien auch selbst mitgenommen zu sein von dem schwachen Zustand seines Gefährten. Im Internet kursieren zahlreiche Videos, die Tiere unterschiedlicher Arten zeigen, die einander Hilfe leisten, so wie beispielsweise der Hund, der unter Lebensgefahr die Straße überquert, um eine vor Angst erstarrte Katze, die mitten im Verkehr feststeckt, in seine Schnauze zu nehmen, oder auch die Katze, die einen verirrten Hundewelpen aus einem Graben rettet. Oder auch die außergewöhnliche Komplizenschaft und die zärtliche Liebe, die einen männlichen Bären, einen männlichen Löwen und einen männlichen Tiger verbinden, die zusammen aufgezogen wurden, nachdem sie als Babys in einem erbärmlichen Zustand in der Höhle von Schmugglern gefunden worden waren. Als man sie im Tierheim zunächst voneinander getrennt hatte, verweigerten sie die Nahrungsaufnahme. Man brachte sie daher wieder zusammen unter, und sie blieben unzertrennlich und bewiesen eine unverwüstliche Freundschaft und Solidarität. Ich war sehr ergriffen, als ich mir den Film von Francine Patterson ansah (er ist übers Internet zugänglich), in dem man das in Gefangenschaft in San Francisco geborene Gorillaweibchen Koko sieht, wie es sich mit einer kleinen Katze anfreundet und sie liebkost. Als eines Tages die Verhaltensforscherin Koko mitteilen muss, dass das Kätzchen von einem Auto überfahren wurde, drückt das Gorillaweibchen seine große Traurigkeit in Zeichensprache mittels der Worte »schlecht«, »nicht einverstanden«, »unglücklich«, »weinen« aus, bevor man es lange über den Tod des kleinen Kätzchens weinen hört.

Die Menschen sträuben sich oft zuzugeben, dass Freundschaft ein tierisches Gefühl sein kann. Da Freundschaft als ein höheres Gefühl betrachtet wird, hat der Mensch geglaubt, er könne sie dem Tier absprechen. Zahlreiche Studien haben jedoch schöne Beispiele für die Entfaltung solcher Gefühle zusammengetragen. So haben Wissenschaftler die Freundschaft zwischen Kühen und die sozialen Beziehungen in Herden untersucht, um das Wohlbefinden der Kühe und indirekt ihre Milchproduktion, die ja von ihrer Stimmung abhängt, zu verbessern. Kühe sind gesellige Tiere, die in strukturierten Gruppen leben. Fügt man Tiere zu einer festen

»Weil man den Tieren allmählich intelligente Fragen gestellt hat, sind ihre Antworten aussagekräftig geworden.«

VINCIANE DESPRET
(belgische Wissenschaftsphilosophin, geb. 1959)

Gruppe hinzu oder entfernt Tiere, so kann dies die Organisation der Herde empfindlich verändern. So konnte eine junge Forscherin, die den Rhythmus der Herzschläge und den Cortisolspiegel von Kühen gemessen hatte, zeigen, dass Letztere ausgeglichener waren, wenn sie von ihren Freundinnen umgeben waren.

Man könnte einwenden, dass diese Phänomene der Empathie oder des Mitgefühls zwischen Tieren unterschiedlicher Arten unter natürlichen Umständen nicht vorkommen. In der Tat sind sie seltener, aber zahlreiche im Internet kursierende Filme zeigen außergewöhnliche Beispiele für Hilfeleistungen zwischen Tieren unterschiedlicher Arten, wie etwa Löwinnen, die Babygazellen adoptieren, oder wie das aufwühlende Beispiel eines Flusspferdes, das eine Impala-Antilope rettet, die von einem Krokodil angegriffen wurde. Nachdem es das Krokodil verjagt hat, bringt das Flusspferd die schwer verletzte Antilope außerhalb der Reichweite des Räubers, öffnet sein riesiges Maul und hüllt das im Sterben liegende Tier in seinen Atem. Die Kraft des Mitgefühls, die sich in diesen Bildern zeigt, ist so stark, dass mir die Tränen in die Augen stiegen, als ich sie das erste Mal sah.

Eine der letzten Bastionen in Bezug auf das »besondere Wesensmerkmal des Menschen«, die die Forschung zerstört hat, ist die Kultur. Wir haben gedacht, wir seien die einzige Art, die zur Entwicklung einer Kultur in der Lage ist, das heißt, die eine individuelle Neuerung auf den Rest der Gruppe übertragen kann und zur dafür nötigen gesellschaftlichen Nachahmung fähig ist. Bei Euch Tieren sollten angeblich alle Gewohnheiten durch Gene übertragen werden. Die Beobachtungen der Verhaltensforscher haben jedoch gezeigt, dass es auch bei den Menschenaffen Kulturen gibt. In den sechziger Jahren beobachteten japanische Primatologen, wie ein junges Makakenweibchen namens Imo, das auf der Insel Koshima lebte, etwas völlig Neues tat: Es wusch Süßkartoffeln. Da Imo von seinen jüngeren Artgenossen überrascht beobachtet und sodann nachgeahmt wurde, verbreitete sich schließlich das Waschen der Süßkartoffeln unter allen Affen der Insel. Jane Goodall beobachtete ihrerseits afrikanische Schimpansen dabei, wie sie neue Techniken erfanden und sie anderen Mitgliedern der Gruppe beibrachten, die sie übernahmen und ihrerseits an ihre Kinder weitergaben. Ähnliches wurde in der Folge bei so unterschiedlichen Arten wie Bären, Wölfen, Krähen oder Walen beobachtet.

Jane Goodall, diese bewunderswerte Primatologin, die in Tansania unter Schimpansen lebte, um ihr Verhalten in der Natur zu erforschen, hat eine Beobachtung von zentraler Bedeutung gemacht, die unsere Vorstellungen vom Verhalten der Tiere revolutioniert hat. Wir waren überzeugt, dass die menschliche Einzigartigkeit sich auch darin zeige, dass nur wir allein Kriege führen, das heißt, dass wir unseresgleichen töten, während Ihr Tiere nur Tiere anderer Arten tötet. Doch zwischen 1974 und 1978 wurde Jane Goodall Zeugin eines wahren Kriegs, des Kriegs von Gombe, der zwischen zwei Schimpansenklans, den Kasakela und den Kahama, tobte und an dessen Ende die Männchen der ersten Gruppe von denen der zweiten getötet wurden.

Es ist kein Zufall, wenn das Tier, das dem Menschen genetisch am nächsten steht, auch dasjenige ist, das seinem Verhalten am nächsten kommt. Auch darin treffen sich unsere beiden Welten. Manchmal mögen sich die Tiere besser verhalten als der Mensch. Doch sie können sich auch genauso schlecht verhalten.

Unsere Eigenheiten

Dank der seit mehreren Jahrzehnten angestellten Beobachtungen ist es uns heute möglich zu verstehen, dass Ihr uns sehr viel näher seid, als wir lange Zeit – aus falschen Gründen – geglaubt haben. Wir wissen inzwischen mit Sicherheit, dass Ihr genau wie wir ein emotionales und affektives Leben führt, Bestrebungen und Befürchtungen, Wünsche und Abneigungen habt und sehr unterschiedliche Formen von Intelligenz, ein Gedächtnis und manchmal sogar die Fähigkeit besitzt, zukunftsbezogen zu denken und zu planen. Ihr könnt über ein Bewusstsein von Euch selbst und anderen, über Empathie und Mitgefühl für andere Individuen, einen Sinn für Gerechtigkeit und verschiedenste Formen von Kultur verfügen. Ähneln wir uns aber deshalb schon in allen Dingen?

Nachdem wir viel zu lange glaubten, dass wir vollkommen voneinander verschieden seien, geht die Tendenz im Umfeld der »Tierbefreiungsbewegung« heute eher dahin zu behaupten, dass es absolut keinen Unterschied zwischen Menschen und anderen Tieren gibt. Man fällt dadurch von einem Extrem ins andere, und meiner Ansicht nach von einer Ideologie in die nächste. Denn wenn wir streng in der Beobachtung bleiben, dann stellen wir fest, dass es in bestimmten Bereichen durchaus einen tiefgreifenden Unterschied zwischen dem Menschen und der Gesamtheit aller anderen Tierarten gibt. Wir sollten in diesem Zusammenhang auf keinen Fall von einem »besonderen Wesensmerkmal des Menschen« sprechen, denn mit diesem Ausdruck ist jene lange philosophische und religiöse Tradition der Beherrschung und Ausbeutung der Tiere verbunden. Sprechen wir einfach von den »menschlichen Eigenheiten« und nehmen an, dass auch jede andere Art ihre Eigenheiten aufweisen kann, die sich nicht auf andere Arten übertragen lassen. Mit anderen Worten: Hören wir auf, den Menschen allen anderen Tierarten gegenüberzustellen, um die Einzigartigkeit in ihm zu entdecken, und untersuchen wir stattdessen jede Art – einschließlich der menschlichen Art – auf ihre Eigenheiten hin. Unter diesem nicht-ideologischen Blickwinkel stellt man fest, dass es Arten gibt, die bestimmte eigentümliche Merkmale aufweisen. Keine andere Art außer dem Kraken besitzt ein »delokalisiertes« Gehirn, das sich über seine acht Tentakeln erstreckt. Was die Elefanten betrifft, so sind sie in der Lage, lange Zeit im Voraus ein Gewitter vorherzusehen, weil sie eine außergewöhnliche Fähigkeit besitzen, Infraschall wahrzunehmen.

In Bezug auf außergewöhnliche Sinne, die einige Tiere besitzen – und die sie in diesen jeweiligen Bereichen uns eindeutig überlegen machen! –, hat der Wissenschaftler Rupert Sheldrake, Doktor der Naturwissenschaften der Universität Cambridge und Forscher am *Institute of Noetic Sciences* in Kalifornien, ein Standardwerk geschrieben: *Der siebte Sinn der Tiere*.[16] Basierend auf den Aussagen von 2000 Tierbesitzern und Dresseuren untersuchte er die eigentümlichen Wahrnehmungen einiger Tiere, die aktuelle wissenschaftliche Theorien nicht erklären können. So interessiert er sich auch für die Telepathie zwischen Haltern und Haustieren (beispielsweise wenn das Tier die baldige Rückkehr des Halters vorausahnt). Ich hatte mehrere Jahre lang ein Landhaus in der Normandie, zu dem ich in unregelmäßigen Abständen zwei- bis dreimal pro Monat fuhr. Mein Kater Pouchkine zog es vor, ständig dort zu bleiben, statt die Reisen zwischen Paris und der Normandie mitzumachen, und er lud sich in meiner Abwesenheit oft bei den Nachbarn ein. Jedes Mal jedoch, wenn ich mit dem Auto ankam, saß er schon vor dem Tor und wartete auf mich. Meine Nachbarin erzählte mir, dass sie, sobald sie sah, dass Pouchkine hinauslief und sich vor dem Tor postierte, damit rechnete, mein Auto zehn bis 15 Minuten später in der Ferne zu sehen, obwohl ich sie nie im Vorfeld über mein Kommen informierte. Durch einen geheimnisvollen Sinn wusste mein Kater, wann ich zurückkommen würde. Es gibt auch Personen, die in der Lage sind, durch Telepathie mit Tieren zu kommunizieren. Einige Züchter greifen auf sie zurück, um Tiere zu behandeln, die an Störungen depressiven Typs leiden, oder um zu ergründen, was sie haben. Rupert Sheldrake interessiert sich auch für den außergewöhnlichen Orientierungssinn von Zugvögeln wie den Schwalben in Europa, die ihren Geburtsort auch nach Tausenden zurückgelegter Kilometer wiederfinden, oder für den Frühwarnsinn einiger Tiere, die das Heraufziehen eines Erdbebens, eines Tsunamis oder eines epileptischen Anfalls bei ihrem Halter vorausahnen. So hatten im Jahr 2005 in Asien Überlebende des Tsunamis auf Sri Lanka und in Thailand im Vorfeld des Dramas die Aufregung und Flucht von Tieren, insbesondere Elefanten, beobachtet, die sich auf Anhöhen flüchteten. – All diese Gaben und Fähigkeiten besitzt der Mensch nicht. Trotzdem sollten wir nicht behaupten, dass Hunde und Katzen die höchstentwickelten Wesen der Schöpfung sind, weil sie so außergewöhnliche, intuitive Gaben besitzen, oder dass die Zugvögel die Könige der Welt sind, weil sie über das beste interne GPS verfügen! Sagen wir einfach, dass jede Art besondere Gaben besitzt, die sie von anderen Arten unterscheidet und die sie manchmal in einem bestimmten Bereich gegenüber anderen überlegen macht.

»Der Mensch ist nicht aus wertvollerem Staub geformt: Die Natur hat nur einen einzigen Teig verwendet, bei dem sie lediglich die Hefen variiert hat.«

JULIEN OFFRAY DE LA METTRIE

(französischer Arzt und Philosoph, 1709–1751)

Mit dieser Geisteshaltung kann man die Frage nach der Eigenheit oder den Eigenheiten des Menschen vernünftig angehen. Verfügen wir über einige spezifische Eigenschaften, die keine andere tierische Art besitzt? Die Mehrheit der Verhaltensforscher, die ansonsten äußerst misstrauisch gegenüber allem sind, was als »Wesensmerkmal« des Menschen beansprucht werden könnte, sehen in der Sprache eine menschliche Besonderheit. Frans de Waal schreibt dazu in seinem Werk mit dem eloquenten Titel *Are we smart enough to know how smart animals are?*, das für mich eine starke Inspirationsquelle für das vorangegangene Kapitel war:

Ich bin nicht der Typ, der oft solche Aussagen trifft, doch ich bin der Ansicht, dass wir die einzige Spezies mit Sprache sind. Außerhalb unserer Art gibt es, um ehrlich zu sein, keinerlei Beweise für eine symbolische Kommunikation, die so reich und multifunktional ist wie die unsere. Das ist vielleicht unser eigenes Fass ohne Boden und der Grund dafür, warum wir besonders begabt sind. Andere Arten sind durchaus in der Lage, ihre internen Prozesse zu kommunizieren sowie ihre Emotionen und Absichten oder Handlungen und Pläne mittels nonverbaler Zeichen zu koordinieren, doch ihre Kommunikation ist weder symbolisch noch unendlich flexibel wie die Sprache. [...] Ich für meinen Teil glaube einfach, dass der große Vorteil der Sprache vor allem darin liegt, Informationen zu übermitteln, die über das Hier und Jetzt hinausgehen.[17]

Ähnlich äußert sich auch der Verhaltensforscher Boris Cyrulnik. Karine Lou Matignons Frage, ob man Tiere mittlerweile als Personen betrachten könne, beantwortet er wie folgt:

> Ich würde nicht sagen als Personen, aber als tierische Wesen mit eigenen Persönlichkeiten. Man ist eine Person, wenn man das Subjekt seiner Rede ist. Dass sie Individuen sind, ist unbestreitbar, dass sie unterschiedliche Temperamente und Entwicklungen und auch personalisierte Interaktionen aufweisen, ebenfalls, doch um von ihrer Geschichte zu sprechen, müssten sie uns die Vorstellung, die sie von sich selbst haben, erzählen können. Die Tiere haben ein Gefühl von sich selbst. Um eine Geschichte von sich zu haben, muss man eine Vorstellung von Bildern und Worten haben.[18]

Diese Frage ist jedoch sehr strittig. Andere Wissenschaftler, besonders amerikanische, sind der Ansicht, dass Tiere wie die Menschenaffen, die ihre Geschichte per Zeichensprache erzählen, durchaus als nichtmenschliche Personen betrachtet werden können.

Zum menschlichen Spezifikum der Sprache würde ich noch drei weitere Dimensionen hinzufügen, die nach unserem derzeitigen Wissensstand über Tiere meines Erachtens ebenfalls menschliche Eigenheiten zu sein scheinen. Ich habe bereits die mythisch-religiöse Dimension angesprochen, die aufs Engste mit der Sprache verbunden ist, da sie sich durch diese ausdrückt. Es scheint mir jedoch wichtig, die große Eigentümlichkeit der menschlichen Fantasie zu unterstreichen, die in der Lage ist, Mythen zu schaffen, an unsichtbare Realitäten zu glauben und die eigene Existenz nach diesen Überzeugungen zu strukturieren. Wir haben in tierischen Gesellschaften keinerlei Anhaltspunkte für etwas Vergleichbares entdeckt. Die tierischen Kulturen überliefern zwar Techniken und Wissen, die das Leben einfacher machen, niemals jedoch einen Glauben und symbolische Rituale, die dazu dienen, eine existenzielle Angst zu besänftigen oder dem Leben einen Sinn zu geben, und die auf den

Glauben an unsichtbare Kräfte zurückzuführen sind. Sicherlich beweinen Elefanten und einige Menschenaffen ihre Toten und führen manchmal Formen von Bestattungsritualen durch, doch drücken sie damit keinen Glauben an ein Leben *nach dem Tod* aus, im Gegensatz beispielsweise zu den Bestattungsritualen unserer frühen vorgeschichtlichen Vorfahren, die ihre Toten nach Ritualen beerdigten, die von einem Glauben an ein Leben nach dem Tod zeugten (indem sie sie etwa in eine fötale Position legten oder in Richtung der aufgehenden Sonne, oder indem sie ihnen Waffen zur Jagd oder Nahrung beilegten usw.).

Wie weiter oben bereits erwähnt, lehren die meisten antiken religiösen und philosophischen Traditionen, dass diese besondere Fähigkeit mit dem menschlichen Geist zusammenhänge, der diese einzigartigen Eigenschaften aufgrund seiner »göttlichen« Natur besitze. Ich werde an dieser Stelle nicht versuchen, diese These zu diskutieren, da sie auf unüberprüfbaren Glaubensüberzeugungen beruht. Dass der menschliche Geist der einzige ist, der Zugang zu einer mythisch-religiösen Dimension besitzt, ist eine Sache; zu behaupten, dass diese Dimension nicht die Frucht der natürlichen Evolution ist, sondern aus einem qualitativen Sprung resultiert, der zum Beispiel mit einer besonderen göttlichen Intervention verbunden ist, ist eine andere Sache, und nur Gläubige können der letzteren Behauptung zustimmen. Gleiches gilt in Bezug auf die Überzeugung, die von den meisten religiösen Strömungen und Weisheitslehren der Menschheit geteilt wird, der zufolge der Mensch eine einzigartige und in diesem Leben erreichbare spirituelle Bestimmung hat: die Befreiung, die Erweckung, die Vergöttlichung.

Es lässt sich auch festhalten, dass die menschliche Art die einzige ist, die in der Lage ist, eine universelle ethische Verantwortung zu entwickeln. Die anderen tierischen Ar-

»Die tierische Intelligenz ist keine menschliche Intelligenz, die weniger entwickelt ist als die des Menschen, sondern schlichtweg eine andere Intelligenz.«

DOMINIQUE LESTEL
(französischer Philosoph, geb. 1961)

ten können Regeln und Grenzen innerhalb ihrer Gemeinschaft einhalten und Empathie gegenüber anderen Individuen zeigen. Doch sind sie auch in der Lage, eine Moral des Lebendigen zu denken und aufzustellen, die dazu führen würde, dass sie anderen Tierarten Schutz oder Rechte zugestehen? Die Individuen, die sich aus ethischen Gründen weigern, Fleisch zu essen, sind stets Menschen. Wir haben noch nie ein anderes fleisch- oder allesfressendes Tier erlebt, das zum Vegetarier wurde. Obwohl der Mensch in der Lage ist, die Tiere zu beherrschen und auszubeuten, ist er gleichzeitig auch in der Lage, einseitig, d. h. ohne den Anspruch auf Wechselseitigkeit, Gesetze zu ihrem Schutz zu erlassen. Dieser Sinn für Verantwortung gegenüber anderen Lebewesen – aber auch gegenüber dem Planeten allgemein –, der wahrscheinlich aus unseren abstrakten, kognitiven Fähigkeiten herrührt, stellt meiner Ansicht nach eine der menschlichen Eigenheiten dar, die sich heute zugleich als eine der dringendsten und notwendigsten erweist.

Eine letzte Eigenheit des Menschen sehe ich schließlich in der Unendlichkeit seines Begehrens bzw. Strebens. Ihr Tiere begehrt auch Dinge, doch sie scheinen sich stets auf Eure Grundbedürfnisse zu beschränken: Euch zu ernähren, mit anderen Mitgliedern Eurer Gruppe verbunden zu sein oder sie zu beherrschen, Euch fortzupflanzen oder herauszufinden, was in Eurer Umwelt für Euch nützlich sein könnte usw. Anders verhält es sich beim Menschen, dessen Streben keinerlei Grenzen kennt, im Guten wie im Schlechten. Das Streben nach Dominanz bleibt bei einem männlichen Schimpansen auf seine Gruppe und benachbarte Gruppen beschränkt, während sich das Herrschaftsstreben bei Menschen auf den gesamten Planeten erstrecken kann, ja sogar auf das Weltall, wenn wir dazu die Mittel hätten. Napoleon und Hitler kannten keinerlei Grenze in ihrem

Streben nach Macht und Weltherrschaft. Gleiches gilt für unser Streben nach Besitz materieller Dinge: Unsere Habgier ist grenzenlos, und ein Multimilliardär würde immer noch Dinge besitzen wollen, die er nicht hat. Was die Griechen die *hýbris*, die Maßlosigkeit, nannten, stellt eine menschliche Eigenheit dar. Doch diese Unendlichkeit des Strebens kann auch ihre positiven Seiten haben, etwa wenn sie sich auf den immateriellen Bereich der Erkenntnis richtet. Gerade weil er eine unstillbare Neugier, einen unendlichen Wissensdurst besitzt, hat sich der Mensch in das wunderbare Abenteuer der wissenschaftlichen Erkenntnis des unendlich Großen und des unendlich Kleinen gestürzt, genauso wie er sich der nicht weniger faszinierenden Selbstbeobachtung und Selbsterkenntnis widmet.

Diese verschiedenen menschlichen Eigenheiten machen uns keineswegs insgesamt Euch anderen Tieren »überlegen«. Sie unterscheiden uns nur von Euch und bringen uns in diesen Bereichen spezifische Vorteile oder aber Unannehmlichkeiten. Dasselbe gilt für jede Spezies, die über Eigenheiten verfügt, die sie von anderen Arten unterscheiden. So besitzt Ihr Delphine ein einzigartiges Sonar, mit dem ihr bewegte Dinge oder Lebewesen unter Wasser über erstaunliche Entfernungen hinweg entdecken könnt, ohne dass dies Euch eine allgemeine Überlegenheit verleihen würde. Und Ihr Geparden, die Ihr die schnellsten Landtiere seid, rennt dreimal schneller als der schnellste Mensch der Welt. Diese spezifische Überlegenheit verschafft Euch dennoch nicht den Titel »Könige der Schöpfung«. Gleiches gilt für uns Menschen: Nur weil wir Eigenheiten besitzen, die uns einige spezifische Vorteile verschaffen (wie die Sprache oder das symbolische Denken), können wir uns noch lange nicht als »einzigartig« in der Natur und als Euch insgesamt überlegen betrachten. Und gerade nicht, weil wir Euch in allem gleichen, sondern dank der Eigenheit eines möglichen Bewusstseins für unsere Verantwortung gegenüber allen empfindungsfähigen Wesen können wir uns dafür einsetzen, dass Ihr vor der menschlichen Plünderung und Tyrannei geschützt werdet.

Von der Ausbeutung zum Schutz

Ich habe die großen einflussreichen philosophischen und religiösen Strömungen genannt, die unser Streben, Euch zu beherrschen und auszubeuten, rechtfertigen und auch die Idee ablehnen, dass wir eine moralische Verpflichtung gegenüber Euch haben. Es wäre ungerecht, die weniger zahlreichen Stimmen schweigend zu übergehen, die sich gegen Eure Unterlegenheit und Eure Ausbeutung erhoben haben. Wenngleich die hinduistischen und buddhistischen Religionen unsere spirituelle Überlegenheit behaupten, so verurteilen sie doch die Gewalt, die Euch zugefügt wird, und sie befürworten insgesamt aus ethischen Gründen den Vegetarismus (ohne ihn zu einer moralischen Verpflichtung zu machen). Der zu Beginn unserer Zeitrechnung verfasste, große hinduistische Text der *Mahâbhârata* verkündet: »Das Fleisch der Tiere ist wie das Fleisch unserer eigenen Kinder […]. Muss man noch sagen, dass diese unschuldigen und gesunden Geschöpfe für die Liebe zum Leben geschaffen sind?« Auch die buddhistische Tradition hat stets Wohlwollen und Mitgefühl gegenüber jedem Lebewesen gefordert. Wie es der weise indische Buddhist des 8. Jahrhunderts, Shantideva, ausdrückt: »Solange der Raum währt und solange es Seiende gibt, möge auch ich bleiben, um das Leiden der Welt zu vertreiben.«

Einige marginale, aber laute Stimmen haben sich auch in der griechischen und römischen Welt erhoben, um die Gewalt gegen Tiere zu verurteilen. Pythagoras, einer der Gründerväter der griechischen Philosophie, war der erste bekannte westliche Veganer: Er verurteilte nicht nur das religiöse Opfern von Tieren und verzichtete darauf, ihr Fleisch zu essen, sondern er weigerte sich auch, Leder oder Wolle zu tragen. Seine Haltung war sehr wahrscheinlich mit seinem Glauben an die Seelenwanderung verbunden, der zufolge die unsterbliche Seele durch alle Lebewesen hindurchwandert. Es wird berichtet, dass er sich eines Tages einem Mann entgegenstellte, der seinen Hund misshandelte, und zu ihm sprach: »Hör' auf mit dem Schlagen, denn es ist die Seele eines Mannes, der mein Freund war, und ich habe ihn wiedererkannt, als ich den Klang seiner Stimme hörte.« Empedokles teilte ebenfalls diesen Glauben und befürwortete den Vegetarismus. Theophrast, Aristoteles' Nachfolger im Lykeion, stimmte seinem Lehrer in Bezug auf den radikalen Unterschied zwischen Mensch und Tieren keineswegs zu, sondern behauptete eine Kontinuität des Lebendigen, die ihn auch zum ethischen Vegetarismus animierte. Plutarch, ebenfalls Vegetarier, schrieb im ersten Jahrhundert unserer Zeitrechnung kraftvolle Texte, um die Idee einer Ethik gegenüber allen Lebewesen mit einer empfindungsfähigen Seele zu verteidigen, selbst wenn diese bei den Tieren nicht rational war. In seinem Werk *Über das Fleischessen* schreibt er:

> Aber nichts kann uns rühren, nicht die blühende Farbe, nicht die einschmeichelnde melodische Stimme, nicht die Reinlichkeit ihrer Lebensweise, nicht die außerordentliche Klugheit der armen Geschöpfe. Nein, für ein kleines Stückchen Fleisch rauben wir ihnen Sonne und Licht, die Lebenszeit, für die sie doch geboren und geschaffen sind. Und wenn wir ihr Schreien oder Quieken nur für irgend-

welche Laute halten, die sie von sich geben – sollten wir nicht eher meinen, dass es flehentliche Bitten sind, Appelle an unser Gerechtigkeitsgefühl [...]?[19]

Diese Worte hallen in den Versen des lateinischen Dichters Ovid wider, einem Zeitgenossen Jesu, der in seinen *Metamorphosen* schreibt:

Welch schlimme Gewohnheit erwirbt der Mensch, wie rücksichtslos erzieht er sich dazu, Menschenblut zu vergießen, wenn er einem Kalb mit dem Eisen die Kehle ritzt und mit ungerührtem Ohr sein Brüllen hört oder wenn er ein Zicklein, das wimmert wie ein Kind, erwürgen oder einen Vogel verzehren kann, dem er selbst Futter gegeben hat![20]

Wir haben schon gesehen, dass die christliche Tradition wenig Interesse an den Tieren hatte. Von den sehr wenigen abweichenden Stimmen sei die von Franz von Assisi zitiert, der im 13. Jahrhundert seine Brüder bat, »alles zu ehren, was lebt«. Man erzählt sich, dass er zu den Vögeln betete, einen Wolf, der die Bewohner von Gubbio terrorisierte, besänftigte und dass er einen lebenden Fisch, den man ihm gegeben hatte, zurück ins Wasser warf. Zwar gibt es keine Belege dafür, dass er Vegetarier war, doch seine Liebe zu »allen Geschöpfen« hat ihn zum Verteidiger der Tiere in der christlichen Welt gemacht. Und es ist kaum überraschend, dass Papst Franziskus mit seiner Enzyklika *Laudato si'*, die sich ökologischen Fragen widmet und in der er sich für die Achtung der Tiere ausspricht, seinen Schutzpatron würdigen wollte. So heißt es dort: »Das Herz ist nur eines, und die gleiche Erbärmlichkeit, die dazu führt, ein Tier zu misshandeln, zeigt sich unverzüglich auch in der Beziehung zu anderen Menschen.«[21] Der Papst erinnert auch daran, dass der *Kate-*

chismus der katholischen Kirche, eingeführt unter dem Pontifikat von Johannes Paul II (der seinerseits dem Schutz der Tiere große Bedeutung beimaß), ausdrücklich festhält: »Es widerspricht der Würde des Menschen, Tiere nutzlos leiden zu lassen und zu töten.«[22] Im Laufe der Jahrhunderte haben sich auch abweichende Stimmen im Judentum und im Islam – zwei Religionen, die die rituelle Schächtung ohne Betäubung predigen, damit das Tier lebend ausblutet – zu Wort gemeldet. So verurteilte der erste Oberrabbiner von Palästina, Isaac Kook, zu Beginn des 20. Jahrhunderts nachdrücklich das Schächten und wies jene Gläubige, die nicht gewillt waren, das rituelle Schächten aufzugeben, an, kein Fleisch mehr zu essen. Einem berühmten Hadith zufolge sagte der Prophet Mohammed: »Derjenige, der nutzlos auch nur einen Spatz tötet, wird am Tag des Jüngsten Gerichts durch Allah befragt werden.« Mehrere große muslimische Geistliche haben so den Vegetarismus gepredigt, angefangen im 8. Jahrhundert bei der großen irakischen Mystikerin Rabia, der Mutter der Sufi-Tradition.

Infolge der Renaissance und der Emanzipation der westlichen Philosophie von der christlichen Theologie meldeten sich neue Stimmen zur Verteidigung der Tiere zu Wort, unter ihnen beispielsweise Montaigne. Doch der Cartesianismus beeinflusste die modernen Denker erheblich. Im 18. Jahrhundert war Voltaire zusammen mit Rousseau einer der wenigen Denker der Aufklärung, die mit Nachdruck die Vorstellung des Tiers als Maschine verurteilten. In seinem *Dictionnaire philosophique* schreibt ersterer im Artikel »Tiere«:

> Barbaren ergreifen diesen Hund, der den Menschen in der Freundschaft bei Weitem übertrifft. Sie nageln ihn auf einen Tisch und sezieren ihn bei lebendigem Leibe […]. Hat er Nerven, um gefühllos zu sein? Man nehme nicht diesen unverschämten Widerspruch in der Natur an.[23]

»Wenn ich meinem Mitmenschen keinerlei
Übel zufügen darf, so weniger deshalb,
weil er ein Vernunftwesen ist, als vielmehr
deshalb, weil er ein fühlendes Wesen ist;
eine Eigenschaft, die, da sie dem Tier und
dem Menschen gemein ist, Ersterem
zumindest das Recht geben muss,
nicht grundlos durch Letzteren misshandelt
zu werden.«

JEAN-JACQUES ROUSSEAU
(Philosoph der Aufklärung, 1712–1778)

Die uralte Idee, es bestehe ein Zusammenhang zwischen der Grausamkeit gegenüber Tieren und der gegenüber Menschen, wird von mehreren Denkern und Dichtern wieder aufgenommen, doch auch von dem englischen Maler William Hogarth in seiner berühmten Gravur *The Four Stages of Cruelty* (›Die vier Phasen der Grausamkeit‹, 1751), die über vier Kupferstiche hinweg die Geschichte eines Mannes darstellt: Im ersten Stich sieht man ihn als Kind, wie er einen Hund quält. Im zweiten schlägt er als junger Kutscher sein zu Boden gegangenes Pferd. Im dritten Stich wird er wegen Mordes an seiner Geliebten verhaftet, und im vierten verschlingt ein Hund sein Herz, das neben seinen Eingeweiden am Boden liegt.

Ein Jahrhundert später betont der deutsche Philosoph Arthur Schopenhauer, dass er von diesem Werk sehr beeindruckt gewesen sei. Er wird sein Denken auf den allgemeinen »Willen zum Leben« gründen, der Menschen und Tiere bewege und zur Achtung jedes fühlenden Wesens verpflichte. Die Tiere und Menschen würden unser Mitleid wecken und uns zu ihrer Berücksichtigung nötigen, weil sie litten. Das Leiden und nicht die Vernunft ist ihm zufolge das wahre Kriterium für die moralische Achtung. Da seiner Ansicht nach »die Menschen […] die Teufel der Erde und die Tiere die geplagten Seelen« sind, betont er gegen Kant und Locke, dass man die Tiere nicht aus der allgemeinen Moral ausschließen könne. Ganz im Gegenteil, die Achtung der Tiere ist ein wahrer Garant für die Sittlichkeit: »Grenzenloses Mitleid mit allen lebenden Wesen ist der festeste und sicherste Bürge für das sittliche Wohlverhalten«.[24]

Diese Idee, man solle sich davor hüten, ein Wesen zu misshandeln, nicht weil es über Vernunft verfüge, sondern weil es empfindungsfähig sei, findet sich bereits im Werk von Jean-Jacques Rousseau. Mit Jeremy Bentham und der angelsächsischen, utilitaristischen Philosophie erlebt sie im

19. Jahrhundert jedoch einen erheblichen Aufschwung. Der Utilitarismus beurteilt die Moralität einer Handlung nach ihren Folgen: Führt sie zu Wohl oder zu Leid? Was die Tiere und die Haltung angeht, die wir ihnen gegenüber einnehmen sollen, betont Bentham: »Die Frage ist nicht: Können sie denken? Oder: Können sie sprechen? Sondern: Können sie leiden?«[25]

Im 19. Jahrhundert entstehen zunächst in England (seit 1824) und dann im restlichen Europa Tierschutzvereine. Es werden Rechtsvorschriften eingeführt, um Tierquälereien zu verurteilen. In Frankreich wird im Jahr 1845 die *Société protectrice des animaux* (›Gesellschaft zum Schutz der Tiere‹) gegründet, und 1850 wird das Gesetz Grammont verabschiedet, das Tiere vor Misshandlungen durch Menschen schützen soll.

Es ist sicherlich kein Zufall, dass die meisten Denker und Aktivisten, die sich damals für Tiere engagierten, gleichzeitig auch für die Abschaffung der Sklaverei, für die Emanzipation der Frauen oder die Verbesserung der Situation der Arbeiter kämpften. In seiner *Einführung in die Prinzipien der Moral und Gesetzgebung* (1789) prangert Bentham die Sklaverei und die Unterdrückung der Tiere an, die auf demselben Prinzip beruhen: dem Vorurteil, einige Wesen seien anderen aus anatomischen Gründen oder aufgrund der Hautfarbe unterlegen und dürften daher nach Belieben von uns ausgebeutet werden. Émile Zola, der so viel schrieb, um die elende Situation der Proletarier anzuprangern, war auch ein leidenschaftlicher Verteidiger der Interessen der Tiere:

> Könnte man also nicht [...] damit beginnen, sich auf die Liebe zu einigen, die man den Tieren schuldet? [...] Und das ganz einfach im Namen des Leidens, um das Leiden, das grauenvolle Leiden abzutöten, von dem die Natur lebt

und das die Menschheit versuchen sollte, so weit wie möglich zu verringern, im Namen eines fortgesetzten Kampfes, dem einzigen Kampf, auf den zu beharren klug wäre.²⁶

Diese Idee des »grauenvolle[n] Leiden[s] […], in dem die Natur lebt«, verdient ein kurzes Innehalten. Denn wenn man nur vom Verhalten des Menschen gegenüber Euch spricht, könnte man meinen, dass er Euch aus einem friedlichen, wenn nicht gar paradiesischen Naturzustand reißt. Jeder weiß, dass dem nicht so ist und dass die Wildnis, in der die Gazelle vom Löwen bei lebendigem Leib gefressen wird, ebenfalls ein grausamer Schlachthof ist. Wir wissen außerdem auch, dass die Evolution den Menschen zum Jäger und Fleischfresser machte. Darin liegt zweifellos das Dilemma der *conditio humana*. Indem sie uns durch das Denken außerhalb der Natur, wenn nicht gar über sie stellt, zwingt sie uns dazu, nach unserer Kultur zu leben, während sie uns gleichzeitig unsere tierischen Instinkte überträgt. Wir können uns nicht wie Ihr übrigen Tiere durch den Naturzustand rechtfertigen. Wir verfügen über eine Ethik bzw. eine moralische Fähigkeit, die uns verantwortlich macht und uns untersagt, Euer Verhalten einfach nachzuahmen. Es ist unsere Aufgabe, Mensch zu sein, nicht die Aufgabe der Natur; es ist unsere Aufgabe, Euch ihrer Gewalt zu entziehen, statt ihre Gewalt durch unsere eigene zu ersetzen.

Victor Hugo, ein weiterer fortschrittlicher Schriftsteller, prangerte die Grausamkeit der Menschen gegenüber den Tieren ebenfalls an und verwies auf die Güte, die manchmal unter Letzteren herrscht: Lesen Sie bzw. lesen Sie noch einmal sein erschütterndes Gedicht »Die Kröte« in *Legende der Jahrhunderte*. Die meisten Feministinnen setzten sich auch für den Tierschutz ein, so wie Louise Michel, die schrieb: »Je grausamer der Mensch gegenüber dem Tier ist, desto mehr kriecht er vor den Menschen, die ihn beherrschen.«²⁷

»Es ist unzulässig, einen Geist in den Tieren anzunehmen, denn aus diesem Gedanken gibt es keinen Ausweg. Jede Ordnung wäre sofort bedroht, wenn man den Glauben zuließe, dass das Kälbchen seine Mutter liebt oder dass es den Tod fürchtet oder nur, dass es den Menschen sieht. Das Auge des Tieres ist kein Auge. Genauso wenig wie das Auge des Sklaven ein Auge ist, und der Tyrann mag es nicht sehen.«

ALAIN (Émile Chartier)
(französischer Philosoph, 1868–1951)

Brach auch die angelsächsische Philosophie in der Tradition des Utilitarismus eine Lanze für die Tiere, so gilt dies nicht für Frankreich und die meisten europäischen Länder, die in cartesischer und katholischer Tradition stehen. Im 20. Jahrhundert haben die meisten französischen Philosophen, beispielsweise Jean-Paul Sartre, die Idee einer Kluft, die Mensch und Tiere trennt, aufrechterhalten und sich über diejenigen, die sich mit der »Gefühlsduselei« des Tierschutzes beschäftigten, lustig gemacht. Selbst Emmanuel Levinas, den ich gut gekannt habe, konnte nicht zugeben, dass die Tiere ein Antlitz besitzen, das ihm zufolge zu Achtung und Ethik zwingt. Ich muss jedoch zwei große Ausnahmen hervorheben: Jacques Derrida, der Vegetarier war und *Das Tier, das ich also bin* geschrieben hat – eine schreckliche Anklageschrift gegen die Praktiken des Menschen gegenüber den Tieren, in der er Betriebe mit intensiver Tierhaltung mit Vernichtungslagern vergleicht und kraftvoll »die industrielle, mechanische, chemische, hormonelle, genetische Gewalt« anprangert, »der der Mensch seit zwei Jahrhunderten das Leben der Tiere aussetzt.«[28] Élisabeth de Fontenay wiederum, deren Gelehrtheit ebenso tief ist wie ihre Liebe zu Tieren, hat ein wichtiges philosophiegeschichtliches Werk zu unserer Vorstellung von Tieren von den Griechen bis heute veröffentlicht: *Das Schweigen der Tiere*. Indem sie die berühmte Formulierung Descartes' in Erinnerung ruft, der den Menschen als »Herrscher und Besitzer der Natur« betrachtet, ruft sie den Menschen zum »verantwortungsvollen und schützenden« Umgang mit der Natur auf.

Jenseits der »Speziesismus«-Debatte

Seit der Antike, in Griechenland wie in Indien, stellen wir uns die folgende Frage: Lässt sich die Ethik auf Euch Tiere ausdehnen? Wie wir gesehen haben, ist die Mehrzahl der westlichen Philosophen der Auffassung, dass Gerechtigkeit einen Vertrag und Wechselseitigkeit impliziert: Ich habe Rechte, aber auch Pflichten gegenüber anderen. Doch selbst wenn wir Menschen Euch Rechte zugestehen können, wie solltet Ihr Pflichten uns gegenüber wahrnehmen können? Wie sollte die geforderte Achtung wechselseitig sein können, da wir doch nicht dieselbe Sprache sprechen und Ihr die Bedingungen des moralischen Vertrages, den wir Euch vorschlagen, nicht verstehen könnt? Kann Gerechtigkeit auch auf Einseitigkeit beruhen? Letztere ist der Grund dafür, dass Euch seit der Neuzeit die große Mehrheit der Philosophen und Theologen den Status einer moralischen Person und eines Rechtssubjekts verweigert hat.

Das war nicht immer so, besonders nicht im mittelalterlichen Christentum und in der Renaissance. Viele wissen gar nicht, dass vom 12. bis zum 18. Jahrhundert Tiere Gegenstand von Gerichtsverfahren waren, die uns heute bizarr erscheinen, doch die zeigen, wie sehr man sich die Frage stellte, ob Ihr, liebe Tiere, für Eure Handlungen verantwortlich seid. Beispielsweise verdammte und exkommunizierte Bischof Bartholomäus im Jahr 1120 Feldmäuse und Raupen, da sie die Ernten verdorben hätten. Im Jahr darauf machte er die Fliegen verantwortlich, die er entsprechend ebenfalls exkommunizierte. Man könnte die Reihe der Beispiele beliebig fortsetzen, etwa mit Kornkäfern, die feierlich vor Gericht geladen wurden und für die, da sie sich nicht dort einfanden, ein Anwalt bestellt wurde, bevor sie schließlich zur Exkommunikation verurteilt wurden. In Falaise in der Normandie wurde im Jahre 1386 eine Sau verhaftet, vor Gericht gestellt und zu entsetzlichen Verstümmelungen vor ihrer Hinrichtung verurteilt. Sie war für schuldig befunden worden, das Gesicht und den Arm eines Kindes aufgefressen zu haben, das an seinen Verletzungen starb. Die Theologen waren sich diesbezüglich nicht einig, doch eine Mehrheit war der Ansicht, dass die Tiere für ihre Handlungen zur Verantwortung gezogen werden könnten. Wie alle Lebewesen besäßen sie eine Seele, die, im Fall der höher entwickelten Tiere, der Seele des Menschen ähnlich sei. Für einen Theologen im 13. Jahrhundert wie Albertus Magnus bestand der wesentliche Unterschied zwischen Euch und uns im religiösen Gefühl, das allein den Menschen zugänglich sei. Das hielt die damaligen Theologen, in deren Welt Menschen und Tiere sehr viel enger zusammenlebten als heute, nicht davon ab sich zu fragen, ob die Tiere fasten, sonntags arbeiten und für ihre Taten zur Verantwortung gezogen werden sollten … Ab dem 17. Jahrhundert sind solche Diskussionen nicht länger aktuell. Die Frage ist entschieden: Das Tier wird als Maschine und nicht mehr länger als der Rechtsprechung unterworfen betrachtet.

Um einen Ausweg aus dieser Sackgasse zu finden, hat der jüngst verstorbene amerikanische Philosoph Tom Regan vorgeschlagen, einen Unterschied zwischen den »moralischen Akteuren« (*moral agents*) und den »moralischen Betroffenen« (*moral patients*) zu machen. Moralische Akteure sind Personen, die über ausreichende rationale Fähigkeiten verfügen, um für ihre Handlungen Verantwortung zu übernehmen und am Gesellschaftsvertrag teilzuhaben, der eine Wechselseitigkeit von Rechten und Pflichten impliziert. Die moralischen Betroffenen können aufgrund der unzureichenden Entwicklung ihrer rationalen Fähigkeiten zwar nicht am Gesellschaftsvertrag teilhaben, doch sie können als verletzliche Wesen gelten, gegenüber denen wir eine moralische Verantwortung für ihren Schutz haben. Kinder, Personen mit einer geistigen Behinderung, einige ältere Menschen und Tiere gehören dieser letzteren Kategorie an. Sie können für ihre Handlungen nicht zur Rechenschaft gezogen werden, doch sie sind Lebewesen mit Gefühlen und Wünschen, die eine Form des Bewusstseins und der Erkenntnisfähigkeit besitzen. Wir können sie daher nicht nach Gutdünken behandeln, sondern müssen ihnen Rechte zugestehen.

Ich befürworte diese Auffassung uneingeschränkt. Die Geschichte zeigt einen unbestreitbaren Fortschritt unseres moralischen Bewusstseins, das sich trotz einiger Phasen des Rückschritts stetig auf andere Gruppen von Individuen ausgedehnt hat. In den frühen Gesellschaften betraf die Achtung nur die Mitglieder des eigenen Stamms, sodann dehnte sie sich auf andere Clans aus, dann auf die gesamte Stadt bzw. den Stadtstaat und schließlich auf die Mitglieder anderer Städte und Stadtstaaten. Lange Zeit war man der Meinung, einige Menschen würden aufgrund ihrer angeblichen Unterlegenheit (die Sklaven) keine Achtung verdienen, doch auch diese Schranke ist im Lauf der vergangenen Jahrhunderte gefallen. Seit seinem Durchbruch Ende des 18. Jahrhunderts hat sich der Begriff der »Menschenrechte« schrittweise erweitert und, wenngleich man nie annehmen darf, dass alle diese Rechte endgültig erlangt hätten, hat das Konzept doch allmählich alle Individuen, die zusammen die Menschheit bilden, erfasst, ohne Unterschied der Hautfarbe, des Geschlechts oder der Religion. Es erscheint uns heute »natürlich«, jeden Menschen vor einer Missachtung der Integrität seiner Person zu schützen, und selbstredend erstreckt sich diese Achtung auch auf verletzliche Personen wie Kinder oder geistig Behinderte. Die Ausdehnung dieser Rechte auf Tiere stellt eine neue Etappe im Fortschritt des menschlichen Bewusstseins dar und bildet sicherlich dessen Krönung. Wie Darwin es im Jahr 1871 großartig formuliert hat: Die Menschlichkeit gegenüber den unterlegenen Tieren ist »eine der edelsten [Tugenden], mit denen der Mensch ausgestattet ist«. Sie »scheint zufällig aus unseren Sympathien zu entstehen, und sie wird immer zarter, umfassender, bis sie sich auf alle fühlenden Wesen erstreckt.«[29] Der Grund dafür ist einfach: Unsere Artgenossen zu achten ist relativ einfach, und wir haben daran ein offensichtliches Interesse. Doch die Lebewesen zu achten, die am weitesten entfernt von uns sind, Lebewesen einer anderen Spezies, ist Zeichen eines wahrhaftigen Altruismus, einer tatsächlichen Fähigkeit, sich um jemand anderen zu kümmern, und zwar in vollkommen uneigennütziger Weise.

Dank der Verhaltensforschung wissen wir heute deutlich mehr über Tiere, was zur stärkeren Entwicklung unseres moralischen Bewusstseins Euch gegenüber beigetragen hat. Da wir heute wissen, dass Ihr schmerzempfindlich seid, dass Ihr über ein reichhaltiges und vielfältiges emotionales und affektives Leben verfügt, dass Ihr manchmal in der Lage seid, eine Vorstellung von Euch selbst zu haben und zukunftsbezogen zu denken und zu planen, verändert sich langsam unsere moralische Haltung gegenüber Euch. Durch das Wissen wächst das Mitgefühl ebenso wie die Achtung, wenngleich wir immer noch ziemlich häufig lieber in bequemem Unwissen verharren. Kürzlich habe ich bei einem Freund gefrühstückt, der sich darüber wunderte, dass ich die Speckwürfel nicht anrührte, die er zu den Eiern serviert hatte. Ich erklärte ihm, dass ich sie in der Tat sehr lecker fände, aber dass ich,

»Wie auch immer dieses Wesen beschaffen sein mag, das Prinzip der Gleichheit verlangt, dass […] sein Leiden genauso zählt wie ein entsprechendes Leiden irgendeines anderen Wesens.«

PETER SINGER
(australischer Philosoph, geb. 1946,
übers. von Claudia Schorcht)

seit ich ein Buch über das Gefühlsleben und die erstaunliche Intelligenz der Schweine gelesen hätte, versuchen würde, sie nicht mehr zu essen. Er antwortete mir: »Gib mir dieses Buch bloß nie zu lesen, ich mag Speck einfach zu gern!«

Boris Cyrulnik drückt sehr gut die unausweichliche Veränderung in unseren Einstellungen aus:

> Je mehr wir unsere Empathie entwickeln, das heißt die Fähigkeit, sich die Emotionen der anderen vorzustellen und sich mit ihnen auseinanderzusetzen, und je mehr wissenschaftliche Erkenntnisse wir über die Tiere erlangen, desto weniger werden wir sie nötigen, quälen und töten können. Diese Erwägungen werden unser westliches Denksystem umwälzen und in der Folge unsere Beziehungen zu ihnen sowie zwangsläufig auch unsere Lebensweise.[30]

Dieser Logik folgend hat man unsere diskriminierende Haltung gegenüber Tieren mit allen möglichen Arten rassistischer, sexistischer und gesellschaftlicher Diskriminierung in menschlichen Gesellschaften verglichen. Könnte man nicht so, wie man von Rassismus spricht, wenn Individuen aufgrund der Zuordnung zu einer bestimmten Rasse nicht die gleichen Rechte gewährt werden, oder von Sexismus bei derselben diskriminierenden Haltung aufgrund des Geschlechts einer Person, auch von »Speziesismus« sprechen? Gemeint wäre eine Haltung, die darin besteht, nur Individuen der eigenen Spezies grundlegende Rechte zu gewähren. Der Ausdruck wurde im Jahr 1970 von Richard Ryder, einem Psychologen der Universität Oxford, erfunden. Das Wort ist noch nicht offiziell in die französische Sprache aufgenommen worden, aber das *Oxford English Dictionary* definiert den Speziesismus wie folgt: »In Analogie zum Rassismus und Sexismus bezeichnet dieser Ausdruck die Haltung, die darin besteht, unberechtigterweise die Achtung vor dem Leben, der Würde und den Bedürfnissen allen Tieren zu verweigern, die anderen Spezies als der menschlichen angehören.« Inspiriert vom Konzept des Speziesismus veröffentlichte ein Student der Universität Oxford, Peter Singer, im Jahr 1975 ein Buch, das zu einem Welterfolg und zur Bibel der »antispeziesistischen« Bewegung geworden ist: *Animal Liberation. Die Befreiung der Tiere*. Von Tom Regan bis Aymeric Caron über Jonathan Safran Foer oder Matthieu Ricard haben zahlreiche Intellektuelle und Schriftsteller diese antispeziesistische Philosophie populär gemacht.

So ansprechend und nobel der Antispeziesismus auch in seinen Absichten sein mag, so wirft er doch einige sehr entscheidende Fragen auf. Der französische Philosoph Francis Wolff distanziert sich von diesem Begriff und betont, dass er nur von Menschen hervorgebracht werden könne: Wir sind in der Tat die einzige Spezies, die sich selbst »antispeziesistisch« nennen kann. Dadurch widerspricht der Antispeziesismus seinen eigenen Prinzipien, da er vom Menschen verlangt, »sich gegenüber Tieren anders zu verhalten als diese sich untereinander behandeln und auch die Menschen behandeln.«[31] Aus theoretischer Sicht ist das Argument vollkommen berechtigt, doch aus praktischer Sicht erscheint es mir nicht stichhaltig. Wir sind in der Tat die einzige Spezies, die den Antispeziesismus als Konzept entwickeln und eine nicht-diskriminierende Haltung gegenüber den anderen Arten umsetzen kann. Doch gerade weil wir über dieses zusätzliche Bewusstsein und dieses universelle moralische Empfinden verfügen – was, wie wir gesehen haben, eine unserer Eigenheiten ausmacht –, können wir den Begriff der Achtung, den wir auf uns selbst anwenden, auch auf die anderen Arten ausdehnen. Sicherlich fragen wir Euch nicht nach Eurer Meinung, liebe Tiere, wenn es darum geht, Euch zu achten und Euch Rechte zu verleihen, doch da wir ja auf diese Weise Eure Interessen und nicht die unseren verteidigen, ist diese

Haltung in hohem Maße moralisch, und es spielt keine Rolle, dass sie nicht wechselseitig ist oder nicht geteilt wird.

Mein Einwand gegenüber dem Antispeziesismus geht in eine andere Richtung und betrifft die praktischen Folgen dieses Denkens: Denn hat man erst einmal der Idee zugestimmt, unsere moralische Verantwortung auf die Tiere auszudehnen, die als moralisch Betroffene angesehen werden, so stellt sich uns Menschen eine sehr viel schwierigere Frage: Muss man folglich alle Arten in gleicher Weise achten? Anders ausgedrückt: Können wir bestimmten Arten Rechte zuerkennen, die wir anderen verweigern? Ist es beispielsweise gerechtfertigt, bestimmte Tiere zu töten und zu essen, während es bei anderen nicht gerechtfertigt ist? Und wenn ja, nach welchen Kriterien lässt sich das entscheiden? Denkt man die Logik des Antispeziesismus konsequent zu Ende, so sind wir nicht nur dazu aufgefordert, die anderen Tierarten nicht gegenüber den Menschen zu diskriminieren, sondern auch dazu, die Arten nicht untereinander zu diskriminieren. Wie der junge französische Philosoph und Autor mehrerer Werke zur Tierethik, Jean-Baptiste Jeangène Vilmer, sehr klar festhält: »Der Speziesismus besteht auch darin, die Tiere untereinander zu diskriminieren. Sie sind Speziesist, wenn Sie auf der einen Seite gegen das Töten und Essen von Hunden und Katzen in Asien sowie gegen die Jagd auf Robbenbabys oder auf Wale protestieren, doch auf der anderen Seite das Töten und Essen von Kühen und Schweinen, die Jagd auf Rebhühner oder das Angeln von Forellen akzeptieren.«[32]

Die Beispiele, die der Autor anführt, erscheinen plausibel, denn zwischen den zitierten Tieren besteht eine große Ähnlichkeit in Bezug auf ihre Empfindungsfähigkeit und Intelligenz, doch wenn man die Argumentation des antispeziesistischen Denkens konsequent zu Ende führt, müssen ausnahmslos alle tierischen Arten geachtet werden. Warum also Hunde, Kühe, Schweine schützen, aber nicht Regenwürmer,

»Die meisten von uns mögen Tiere,
doch unser Mitgefühl endet
auf dem Tellerrand.«

MATTHIEU RICARD

(französischer buddhistischer Mönch und Essayist, geb. 1946,
übers. von Gerd Bausch)

Mücken oder Kellerasseln? Wo liegt die Grenze der uneingeschränkten Achtung vor den Tieren, wenn alle Arten die gleiche Würde haben? Es gibt keine, und ein Anhänger des Antispeziesismus müsste es sich logischerweise verbieten, auch nur ein einziges Lebewesen zu töten oder dessen Interessen zu schaden. Das Interesse der weiblichen Mücke besteht darin, mich zu stechen, um ihre Eier zu ernähren: Mit welchem Recht sollte ich sie töten? Das Interesse der Motte besteht darin, sich von meinen Kleidern zu ernähren: Warum sollte ich sie vernichten? Stören wir die Hornissen nicht, die ihr Nest unter meinem Dach gebaut haben und die Termiten, die sich an meinen Holzbalken gütlich tun.

Ich glaube ganz im Gegenteil, dass wir in unserem Verhalten gegenüber Tieren einen Unterschied zwischen den Arten machen müssen, einen Unterschied, der sich auf den Kriterien der Empfindungsfähigkeit, der Intelligenz und des Selbstbewusstseins gründet. Je stärker die Empfindungsfähigkeit und das Bewusstsein einer Tierart ist, desto mehr erfordert sie unsere Achtung. Je leidensfähiger eine tierische Art ist, desto weniger hat man das Recht, ihr Leiden zuzufügen. Und gewiss leidet ein Schwamm weniger als ein Schimpanse oder eine Muschel weniger als ein Säugetier. Ohne diese Unterscheidung zwischen den Arten scheint mir die Tierethik in eine Sackgasse zu geraten. Doch das antispeziesistische Denken macht diese Unterscheidung prinzipiell unmöglich. Einige antispeziesistische Denker haben versucht, das Problem zu lösen, indem sie das Kriterium der Abstufung im Rückgriff auf die angelsächsische utilitaristische Philosophie angewendet haben: Eine moralische Handlung wird nach ihren Folgen für das Wohl der betroffenen Person bewertet. Mit anderen Worten: Je stärker das Leid ist, das eine Handlung verursacht, desto tadelnswerter ist sie. Ein Vertreter dieser Position ist Peter Singer, der durchaus zugibt, dass man die Arten im Namen des utilitaristischen Prinzips unterschiedlich behandeln darf. Doch was bleibt dann von seinem antispeziesistischen Denken? Peter Singer definiert den Speziesismus als »ein Vorurteil oder eine Haltung der Voreingenommenheit zugunsten der Interessen der Mitglieder der eigenen Spezies und gegen die Interessen der Mitglieder anderer Spezies.«[33] Es handelt sich daher nicht darum, alle Arten in gleicher Weise zu achten, sondern unsere Moral anzupassen, indem wir das Leiden jedes *Individuums* erwägen, unabhängig davon, ob es menschlich oder tierisch ist. Für Singer bedeutet Antispeziesist zu sein, dem Menschen keinen den anderen Arten überlegenen Wert mehr zuzuschreiben, sondern die Interessen und die Affekte der Gesamtheit aller Lebewesen artübergreifend in gleicher Weise zu berücksichtigen. Diese in sich vollkommen schlüssige Argumentation ist verführerisch, doch ihre konkreten moralischen Implikationen können schwer zu akzeptieren sein: Nach dieser Logik hat das Leben eines drei Wochen alten Kindes einen geringeren Wert als das Leben eines Hundes oder eines erwachsenen Schweins, da die Fähigkeit zu leiden, die Intelligenz und das Selbstbewusstsein Letzterer weiter entwickelt ist als bei einem Säugling. Bei einem Feuer wäre es nicht das Baby, sondern der Hund, den man als Erstes retten müsste.

Ich teile diese Ansicht nicht, sondern ziehe es vor, die Interessen des Menschen – einer Spezies, der ich selbst angehöre und der ich mich natürlich und gefühlsmäßig am stärksten verbunden fühle – den Interessen jedes möglichen anderen Tieres überzuordnen. Welches Tier würde ein Baby seiner eigenen Art zugunsten eines weiter entwickelten Tieres einer anderen Art opfern? Keines. Jeder fühlt eine größere Empathie gegenüber den Mitgliedern seiner eigenen Art. Wie soll man von einem Individuum verlangen, eine solche moralische Wahl vorzunehmen? Wenn ein Esel mit einem Kind auf dem Rücken in einen Brunnen fiele, müsste ich nicht lange überlegen: Ich würde instinktiv zuerst das Kind retten.

Aus all diesen Gründen bereitet mir die Diskussion rund um den Speziesismus und den Antispeziesismus Unbehagen. Statt die Diskussion auf die Kategorien »speziesistisch« oder »antispeziesistisch« zu verengen, die sowohl schwammig als auch schwarzweißmalerisch sind, sollte man lieber die folgende Frage stellen: Möchten Sie unsere moralische Verantwortung und bestimmte Rechte, die damit einhergehen, auf die Tiere ausdehnen? Auf alle Tiere oder auf bestimmte unter ihnen und nach welchen Kriterien? Mir scheint, dass die Philosophin Élisabeth de Fontenay nicht weit von dieser Ansicht entfernt ist, wenn sie erklärt: »Nur die Anhänger der moralischen Gleichheit aller Lebewesen, also die Abolitionisten, lehnen diese reformorientierte Berücksichtigung der graduellen Unterschiede ab. Es gibt eine Hierarchie unter den Tieren, und das anzuerkennen bedeutet nicht, dass man feudalistisch, sondern dass man realistisch denkt. Die graduellen Unterschiede und die Verschiedenheit in der Komplexität, die Tatsache, dass einige Lebewesen mit einer größeren genetischen Informationsmenge konstruiert wurden oder dass sie in der Lage sind, eine größere Menge an Informationen im Gedächtnis zu verarbeiten, sind das Ergebnis der Evolution der Arten. Diese wissenschaftlich fundierte Erkenntnis müsste in der Zuschreibung von Rechten eine Abstufung rechtfertigen.«[34]

Was tun?

Wie lässt sich unser Wille, Euch stärker zu achten, Euch nicht länger zu verdinglichen, sondern Euch respektvoll zu behandeln, auf unser Handeln übertragen? Die Antwort ist zunächst individuell. Jeder Mensch kann sich für ein ethisches Verhalten Euch gegenüber entscheiden. Diese individuelle Moral beginnt mit der Sorge, Euch in unseren direkten Beziehungen miteinander nicht zu misshandeln. Dazu gehört auch, jede Aktivität zu unterlassen, die darin besteht, Euch aus purem Vergnügen zu töten, wie etwa beim Stierkampf, der Jagd oder dem Angeln als Freizeitbeschäftigung. Jagen oder Fischen zum Lebenserhalt hat nichts mit der Praxis der Jagd oder des Fischfangs zum Zeitvertreib zu tun. Es gibt tausend andere Arten des Zeitvertreibs als diese grausame Aktivität, die darin besteht, aus Spaß ein Tier zu töten oder an einer Veranstaltung teilzunehmen, bei der ein Tier getötet wird. Ein Freund hat mir einmal gestanden, dass er leidenschaftlich gern jagen geht und dass er einmal gegen einen erheblichen Geldbetrag die Erlaubnis erworben hatte, einen großen Büffel in Afrika zu töten. Der Büffel war mit seiner Gefährtin unterwegs. Er tötete den Bullen. Die Kuh ging daraufhin auf ihn los. Da sein Leben in Gefahr war, durfte er auch sie töten. »Kannst du dir das vorstellen, ich konnte zwei für den Preis von einem töten!«, rief er mit dem begeisterten Blick eines kleinen Kindes aus. Seit diesem Tag habe ich nie wieder die Lust verspürt, diesen Freund wiederzusehen. Jedes Mal, wenn ich an ihn dachte, erinnerte ich mich an den glücklichen Blick des Mannes, der zum Spaß zwei arme Tiere ermordet hatte, und bei dem Gedanken daran wurde mir ganz übel.

Was soll man zudem zu der Wilderei gegen Euch sagen, die der viertwichtigste Handelssektor der Welt nach Drogenhandel, Fälschung und Menschenhandel ist? Was soll man zu dem wegen seines Horns getöteten Nashorn im Tierpark von Thoiry sagen?[35] Ist es nicht schrecklich, dass Ihr nicht einmal mehr in Zoos oder Naturreservaten geschützt seid, in denen einige von Euch sogar mit Waffen eskortiert oder aber mit neuen Technologien beschützt werden müssen (zum Beispiel durch Wärmebildkameras und die Verwendung von Drohnen)? Im August 2016 hat Frankreich die Gesetzgebung zur Reglementierung des Elfenbeinhandels verschärft und den Handel mit Rohelfenbein sowie rohem Horn von Nashörnern verboten. Dennoch darf immer noch eine beträchtliche Menge an verarbeitetem Elfenbein und Horn dank Ausnahmeregelungen gehandelt werden.

Eine andere Möglichkeit, um Euch zu respektieren, besteht darin, Euch nicht zu essen, da unsere Art ja sehr gut ohne den Verzehr von tierischem Fleisch leben kann. Einige gehen sogar so weit, auf Milchprodukte oder Eier zu verzichten (und auf alle Speisen, die sie enthalten). Letztere stammen sehr häufig aus industrieller Tierhaltung – und man erinnere sich an die schreckliche Methode, das Kalb von seiner Mutter zu trennen, um es einige Monate später zu töten. Wiederum andere, die ethisch motivierten Veganer, gehen noch weiter und kaufen auch keine Produkte, die mit tierischen Materialien hergestellt wurden: Pullover aus Wolle, Lederschuhe etc. Mit ihrer Weigerung, jedwede Ausbeutung von Tieren zu unterstützen, sind sie zweifellos die Konsequentesten. Vegetarismus, vegane Ernährung und den umfassenderen ethischen Veganismus praktizieren bislang noch wenige Individuen, doch sie sind im Westen, besonders unter den jungen Generationen, in der Tat auf dem Vormarsch.

Gewiss: Die Vorurteile bleiben, und viele Menschen glauben immer noch, dass der Verzehr von Fleisch für eine gute Gesundheit notwendig ist, obwohl immer mehr wissenschaftliche Studien genau das Gegenteil belegen! Abgesehen von den ökologischen Problemen, die unser exzessiver Fleischverzehr aufwirft, verursacht er auch zahlreiche Herz-Kreislauf-Erkrankungen und begünstigt die Entwicklung bestimmter Krebsformen, wie kürzlich die WHO noch einmal betont hat. Bereits im 17. Jahrhundert war der Denker René Descartes, der ansonsten wenig Sympathien für Tiere hegte, dieser Überzeugung und predigte einen wissenschaftlichen Vegetarismus im Interesse einer besseren Gesundheit. Wir sind auch zu Unrecht der Meinung, dass Fleisch das proteinreichste Nahrungsmittel ist. Soja zum Beispiel liefert uns doppelt so viele Proteine wie Fleisch, wohingegen Letzteres (Schweinefleisch) unter den proteinreichen Nahrungsmitteln nur Platz 14 erreicht. Hochleistungssportler wie der legendäre Carl Lewis, der neun Goldmedaillen bei den Olympischen Spielen holte, sind Veganer.

Außer diesen leicht zu beseitigenden Vorurteilen gibt es auch weniger rationale Gründe dafür, dass wir so sehr am Essen von Tieren hängen, nämlich kulturelle Traditionen, Gewohnheit und Geschmack. Die Ernährung gehört zum Kern der verschiedenen Kulturen und stellt eine ihrer Grundlagen dar, manchmal in Verbindung mit Religion, einem weiteren zentralen Bestandteil der Kultur. Im Westen isst man zu Weihnachten Pute und in der muslimischen Welt zum Opferfest Hammel. Doch man verzehrt auch Gänseleberpastete im Südwesten Frankreichs, Sauerkrautplatte mit Würsten und Pökelfleisch im Elsass oder Miesmuscheln mit Pommes frites in der nordfranzösischen Region Nord-Pas-de-Calais.

All diese kulinarischen Traditionen gehören, manchmal seit sehr langer Zeit, zum festen Bestandteil unserer Kulturen, und es ist sehr schwierig, sich von heute auf morgen von ihnen zu lösen. In einer Epoche des allgemeinen Orientierungsverlustes und der Verunsicherung vieler Menschen sind wir bisweilen versucht, uns an Traditionen zu klammern, die allesamt beruhigende kulturelle Zeichen darstellen. Die Gewohnheit spielt ebenfalls eine große Rolle bei der Schwierigkeit, Vegetarier zu werden. Seit der Kindheit stellen Fleisch und Fisch die wichtigsten Zutaten unserer Speisen dar; es reicht nicht, sich von der Richtigkeit des Vegetarismus zu überzeugen, um schlagartig auf sie zu verzichten. Es ist sehr schwierig, für immer Lebewohl zu einem T-Bone-Steak zu sagen, wenn man rotes Fleisch liebt! Für viele weckt nicht eine Madeleine wie im Roman von Marcel Proust Kindheitserinnerungen, sondern der *Pot-au-feu*, der Chicorée mit Schinken, die gegrillten Sardinen oder das Kalbsfrikassee, das ihre Mutter oder Großmutter so gut kochen konnten.

Sicherlich sind der Vegetarismus, die vegane Ernährung und der vegane Konsum die besten Lösungen, um gegen das Leiden der Nutztiere zu kämpfen. Da es aber vielen von uns so schwerfällt, diese neuen Lebensweisen anzunehmen, kann man Zwischenlösungen vorschlagen, die bereits, ohne vollkommen zufriedenstellend zu sein, das Leiden vieler Nutztiere verringern. Eier zu kaufen, die aus biologischer Landwirtschaft stammen, und sich zu vergewissern, dass die Hühner Auslauf im Freien haben, oder Hähnchen vom Bauernhof zu kaufen, die ebenfalls aus Freilandhaltung stammen, stellt schon einen wertvollen Schritt dar. Immer mehr junge Landwirte achten auf das Wohlbefinden der Tiere und zeigen sich bemüht, eine Tierhaltung in humanen Größenordnungen zu verteidigen, bei der die Bedürfnisse der Tiere und ihre Empfindsamkeit stärker berücksichtigt werden. Man könnte sich ein Label für »ethisches Fleisch« vorstellen, das anzeigt, dass das Fleisch, das wir kaufen oder in einem Restaurant bestellen, aus einer solchen Tierhaltung stammt. Ich bin mir sicher, dass wenn ein solches Label angeboten würde, zahlreiche Verbraucher lieber ein bisschen mehr fürs Fleisch zahlen und sich dafür entscheiden würden. Das wiederum würde für die anderen Tierhalter einen Anreiz schaffen, die intensive Tierhaltung aufzugeben.

Ein wichtiges Problem bleibt jedoch bestehen: Das der Schlachtung. Wie es Franz-Olivier Giesbert (der Vegetarier ist) so treffend schreibt: »Die Schlachttiere haben die gleichen Augen wie wir vor dem Tod. Wenn der Schlachthof nicht unser schlechtes Gewissen ist, so ist er auf jeden Fall, bis auf wenige Ausnahmen, eine Schande für unsere Gesellschaft.«[36] Die Videos der Tierschutzorganisation L 214, die die entsetzliche Realität der Schlachthöfe – inklusive jener, in denen Tiere aus Biohaltung oder von kleineren Höfen geschlachtet werden – aufgedeckt hat, haben die öffentliche Meinung schockiert. Unter dem Eindruck dieses Schocks, der besonders die Landwirte getroffen hat, die sich um ihre Tiere sorgen und sie lieben, hat der Abgeordnete Olivier Falorni einen parlamentarischen Ausschuss erwirkt, der im Herbst 2016 alle Akteure der Fleischproduktionskette und die wichtigsten Tierschutzorganisationen anhörte. Die Hauptempfehlung des Gremiums betraf die Verwendung von Überwachungskameras in den Schlachthöfen, um böswillige und grausame Handlungen gegenüber Tieren zu verhindern. Am 12. Januar 2017 wurde ein Gesetz in diesem Sinne verabschiedet. Dies ist ein unbestreitbarer Fortschritt, der jedoch leider klar erkennbar nicht ausreicht, um die Tiere zu schützen, die unter traumatisierenden Bedingungen zu den Schlachthöfen transportiert werden, aus Profitgründen viel zu hektisch geschlachtet und in wachsender Zahl nicht einmal mehr betäubt werden.

»Grenzenloses Mitleid mit allen lebenden Wesen ist der festeste und sicherste Bürge für das sittliche Wohlverhalten.«

ARTHUR SCHOPENHAUER
(deutscher Philosoph, 1788–1860)

Im Grunde genommen gibt es nur ein einziges Mittel gegen das Grauen der Schlachthöfe: Die Hofschlachtung. Diese Praxis, die in einigen nordischen Ländern stark auf dem Vormarsch ist, bietet zahlreiche Vorteile: Das Tier wird nicht durch den Transport zu einem unbekannten Ort traumatisiert, man erspart ihm den Stress des Wartens in den Todesgängen, und es wird geschlachtet, ohne zu leiden. Trotz der Forderung vieler Landwirte ist diese Praxis in Frankreich unglücklicherweise verboten (einige umgehen die französische Rechtsprechung und stützen sich auf die europäische Gesetzgebung, die mobile Schlachthöfe erlaubt[37]). – Offiziell beruft man sich auf gesundheitliche Gründe, doch in Wirklichkeit steht die Politik unter dem offensichtlichen Druck mächtiger Lobbys der Schlachtindustrie. Die Soziologin Jocelyne Porcher, Forschungsleiterin am Nationalen Institut für landwirtschaftliche Forschung (INRA), und der Landwirt Stéphane Dinard haben das Kollektiv »Quand l'abattoir vient à la ferme« [wörtlich: »Wenn der Schlachthof zum Bauernhof kommt«] gegründet, das zahlreiche Landwirte und Organisationen zusammenbringt, die diese Lösung unterstützen.

Wäre die Hofschlachtung erlaubt, könnte man ein Label für »ethisches Fleisch« oder »artgerechte Tierhaltung« herausbringen, das die Berücksichtigung des Wohlbefindens der Nutztiere von der Geburt bis zu ihrem Tod garantieren würde. Damit lassen sich sicherlich nicht alle Probleme lösen, es wäre aber zumindest ein Fortschritt, mit dem Fleischesser, die für das Leiden der Tiere zwar sensibel sind, jedoch noch nicht vegetarisch leben, einen Beitrag leisten könnten, um die industrielle Tierhaltung und -schlachtung zurückzudrängen.

Ein solches Vorhaben passt zu einem Trend, den man als »welfaristisch« bezeichnet und dessen Anhänger das Leiden der Tiere so weit wie möglich zu verringern suchen. Es gibt in der ganzen Welt zahlreiche welfaristische Organisationen, so wie die Organisation zugunsten der würdevollen Schlachtung von Tieren (AFAAD) oder Welfarm in Frankreich, die mit Landwirten und Züchtern, Schlachthöfen, Fleischvertriebswegen oder Pharmaunternehmen zusammenarbeiten. Ihnen ist daran gelegen, den Tierschutz zu verbessern, ohne jedoch das aktuelle System völlig in Frage zu stellen. Den Welfaristen stehen die »Abolitionisten« gegenüber, die im Wesentlichen von Veganern vertreten werden. Sie fordern den Stopp jeglicher Ausbeutung von Tieren zu Gebrauchs- oder kommerziellen Zwecken, egal ob zum Verzehr, zur Verwendung ihres Leders oder ihrer Wolle, als Versuchskaninchen oder als Unterhaltungsobjekte in Zirkussen.

Wie Tom Regan klar formuliert hat: »Die Tierrechtsbewegung ist eine abolitionistische Bewegung; unser Ziel ist nicht, die Käfige zu vergrößern, sondern dafür zu sorgen, dass sie leer sind.«[38] Doch das Haupthindernis für Eure »Befreiung«, liebe Tiere, ist rechtlicher Natur: Obwohl Ihr mittlerweile als empfindungsfähige Wesen betrachtet werdet, werdet Ihr immer noch wie Güter behandelt. Euer rechtlicher Status entspricht nicht dem von »Personen«, wie das für jeden Menschen gilt, sondern Ihr seid Eigentum, das gekauft oder verkauft werden kann. Diesen Status möchten die Abolitionisten wie beim Menschen zu dem von »Rechtssubjekten« weiterentwickeln.

Das wäre eine echte Revolution: Kein Mensch hätte dann mehr das Recht, ein Tier zu »besitzen«, zu kaufen, zu verkaufen oder irgendeine Art von Macht über es auszuüben. Das wäre nicht nur das sichere Ende der Nutztierhaltung (was vielleicht kein Übel wäre), sondern hätte auch die sichere Ausrottung von Pferden, Hunden, Katzen und allen Heimtieren zur Folge. Wie die Abolitionisten mit Blick auf Euch sagen: »Lassen wir Euch in Frieden leben!« Gewiss, doch viele Tiere sind vor Jahrtausenden zu Begleitern der Menschen geworden und leiden absolut nicht darunter. Man kann sich schwer vorstellen, dass ab morgen alle Heimtiere »halterlos« leben und viele weitere domestizierte Tiere wieder in die Wildnis zurückkehren.

Um diese extreme, praktisch unmöglich umsetzbare Lösung abzumildern, schlagen Juristen wie der Franzose Jean-Pierre Marguénaud, die sich für die Interessen der Tiere einsetzen, einen Zwischenstatus vor: Ohne Rechtssubjekte im Sinne von natürlichen Personen zu sein, könnten die Tiere den Status von juristischen Personen erhalten. Der Unterschied ist subtil, doch ganz entscheidend. Ein Rechtssubjekt als natürliche Person besitzt, wie jeder Mensch, unveräußerliche Rechte. Eines davon besteht darin, niemandes Eigentum zu sein. Eine juristische Person besitzt diese unveräußerlichen Rechte nicht, doch ihre Interessen können von anderen vertreten werden, wenn man zum Beispiel der Meinung ist, dass sie durch schlechte Behandlung verletzt werden.

Mehrere Länder haben ihre Rechtsprechung weiterentwickelt und das Tier in ihre Verfassung aufgenommen. Indien hat eine Pflicht zum Mitgefühl für jedes Lebewesen in seiner Verfassung verankert, und Brasilien hat Grausamkeit gegenüber Tieren auf konstitutioneller Ebene verboten. In Europa haben die Schweiz, Deutschland, Österreich und Luxemburg ebenfalls den Tierschutz in ihre Verfassung aufgenommen. In Belgien widmen sich Ministerien dem Tierschutz. So ist der Tierschutz dort zu einer eigenständigen Kompetenz geworden, mit der ein entsprechend benannter Minister betraut ist. Im Dezember 2016 wurde ebenfalls in Brüssel ein Beirat für Tierschutz gegründet: Dieser Rat stellt ein Beratungsgremium dar, das unverbindlich zu verschiedenen Aspekten des Tierschutzes Stellung nimmt und das den Dialog sowie die Zusammenarbeit unter allen von dieser Thematik betroffenen Akteuren fördert.

»Die wahre moralische Prüfung der Menschheit […] äußert sich in der Beziehung der Menschen zu denen,
die ihnen ausgeliefert sind: zu den Tieren. Und gerade hier ist es zum grundlegenden Versagen des Menschen gekommen,
zu einem so grundlegenden Versagen, daß sich alle anderen aus ihm ableiten lassen.«

MILAN KUNDERA

(tschechischer Schriftsteller, geb. 1929, übers. von Susanna Roth)

In Frankreich setzt sich eine große Schar von Menschen dafür ein, dass der Tierschutz Vorrang erhält. Prominente haben beispielsweise die Schaffung eines Staatssekretariats für die Lebensbedingungen der Tiere gefordert – was hervorragend wäre, und ich werde im Nachwort dieses Buches darauf zurückkommen – oder ein »tierpolitisches Manifest« verbreitet, um die Situation der Tiere in der politischen Debatte zu verankern und den Kandidaten für die Präsidentschaftswahlen konkrete Maßnahmen zu unterbreiten. Und ähnlich wie in den Niederlanden wurde im vergangenen November sogar eine Tierschutzpartei gegründet.

Ich selbst habe mich aktiv für die Veränderung des rechtlichen Status der Tiere im *Code Civil*, dem französischen Bürgerlichen Gesetzbuch, eingesetzt, in dem das Tier bis dahin als eine »bewegliche Sache« und nicht als ein »fühlendes Wesen« betrachtet wurde. In Zusammenarbeit mit der Organisation *30 Millions d'Amis* (›30 Millionen Freunde‹) habe ich zahlreiche Freunde aus der Wissenschaft und Philosophie mobilisiert (Luc Ferry, Michel Onfray, André Comte-Sponville, Boris Cyrulnik, Hubert Reeves usw.), um Unterschriften für eine Petition zu sammeln, damit der *Code Civil* weiterentwickelt wird. Diese Petition hat ein beträchtliches Medienecho erfahren, und am 28. Januar 2015 haben die Abgeordneten endgültig für eine Veränderung des Artikels 518 des Gesetzbuchs gestimmt, der die Tiere künftig als »fühlende Wesen« und nicht länger als »bewegliche Güter« (Art. 515-14) anerkennt. Dadurch wird die Rechtsprechung mit dem französischen Landwirtschaftsgesetz und dem Strafgesetzbuch in Einklang gebracht. Dennoch werden Tiere weiterhin als »Güter« und nicht als »juristische Personen« betrachtet, die über bestimmte Grundrechte verfügen können.

Es ist interessant, sich die spezifischen Details eines Urteils vom 9. Dezember 2015 anzusehen. Im vorliegenden Fall hatte eine Züchterin einen Welpen verkauft, bei dem sich in der Folge zeigte, dass er erblich bedingt am grauen Star litt, was zu Sehstörungen führte. Nachdem die Käuferin gerichtlich gegen die Verkäuferin vorgegangen war, schlug Letztere vor, den Welpen zu ersetzen. Der Kassationsgerichtshof lehnte die Argumentation der Verkäuferin jedoch ab und betonte, dass »der Hund ein einzigartiges und unersetzliches Lebewesen und Heimtier ist, das für die Zuneigung seines Halters ohne Hinblick auf wirtschaftliche Aspekte bestimmt ist.« Es sind die Eigenschaften, die der Halter ihm zuschreibt, und nicht seine intrinsischen Eigenschaften, die ins Feld geführt werden, um die Unersetzlichkeit des Tieres für seinen Halter zu belegen. Einen wahren Fortschritt wird es jedoch erst an dem Tag geben, an dem die Gerichte hinzufügen, dass das Tier durch diese Trennung genauso leiden würde, und an dem sie nicht mehr einzig und allein die Interessen des Halters berücksichtigen.

Hinsichtlich der affektiven Bindung zwischen Menschen und Tieren stellen sich auch im Fall von Scheidungen schwierige Fragen. In Alaska hat es jüngst rechtliche Änderungen gegeben, durch die Tiere nun fast denselben Status wie Kinder erlangt haben und als Wesen mit Emotionen anerkannt werden: Dadurch wird das Wohl der Tiere und damit unterschwellig auch ihr Recht auf Glück berücksichtigt. Wenn sich in der Schweiz mehrere Personen um den Besitz eines Tieres streiten, prüft der Richter die Lebenssituation sowie die Interessen des Tieres und nimmt dessen Zufriedenheit zum Maßstab, um zu bestimmen, wem er es anvertraut.

Es gab in der Schweiz darüber hinaus den Vorschlag, in allen Kantonen die Bestellung eines Tierschutzanwalts zu ermöglichen, der einzig im Dienste des Tieres steht, dessen Interessen er vertreten würde. Unglücklicherweise wurde diese außerordentlich innovative und vielversprechende Schweizer Idee abgelehnt.

Hinsichtlich Eurer Situation kann immerhin der Umstand wieder etwas optimistisch stimmen, dass das Thema der Tierrechte fast überall an den Universitäten Europas in der Lehre präsent ist. Der nichtmenschliche Personenstatus gewinnt auch in den Rechtsinstitutionen selbst langsam an Boden. Im Jahr 2013 hat Indien die Delphine als »nichtmenschliche Personen« anerkannt, womit sie ein Recht auf Freiheit genießen und keiner kommerziellen Nutzung unterworfen werden dürfen. Die argentinische Justiz hat zudem die Rechte des Orang-Utan-Weibchens Sandra anerkannt, das in einem Zoo lebte und offenkundig unter seiner dauerhaften Zurschaustellung und unter Platzmangel litt. Die Strafkammer des Kassationsgerichts hat also eine Verordnung des Habeas Corpus (das Recht, nicht ohne Urteil inhaftiert zu werden) auf das Tier angewendet. Die Justiz war der Ansicht, dass Sandras Freiheitsberaubung aufgrund ihrer kognitiven Fähigkeiten illegal sei, und erkannte sie als nichtmenschliche Person an. Dennoch konnte das Weibchen, da es in Gefangenschaft geboren worden war und sein ganzes Leben lang in einem Zoo gelebt hatte, nicht in die Wildnis entlassen werden.

Diese Fälle ebnen den Weg für weitere Tiere, die willkürlich in Zoos, Zirkussen oder Aquaparks ihrer Freiheit beraubt werden.

Eine andere Möglichkeit, Euch zu schützen, liebe Tiere, bestünde in der Tat darin, sich Gedanken darüber zu machen, in welcher Weise wir Euch für Freizeitzwecke nutzen dürfen. Was soll man zu den Tieren sagen, die ausschließlich zu Vergnügungszwecken auf ein Sklavendasein reduziert werden? Was soll man zu den Tieren sagen, die ihr Leben dauerhaft in isolierten Boxen verbringen, die sie nur verlassen, um einige Runden zu drehen? Im Zeitalter von Tierdokus kann man Zoos oder Wasserparks nicht mehr mit dem Bildungsargument rechtfertigen.

Jenseits der notwendigen individuellen Hinwendung zu ethischen Verhaltensweisen, die den Tierschutz entscheidend voranbringen können, gibt es Bereiche, in denen der Gesetzgeber handeln müsste. Die vier dringlichsten Punkte in Bezug auf Frankreich scheinen mir die Genehmigung der Hofschlachtung und das Verbot der Schlachtung von Tieren ohne vorhergehende Betäubung zu sein; die Erlaubnis, dass ein Tier durch einen Anwalt vertreten wird und die Möglichkeit, es seinem Halter im Fall von Misshandlungen zu entziehen (statt ihn nur mit einer Geldbuße zu belegen); das Verbot der Tötung von Tieren zu Unterhaltungszwecken und schließlich das Verbot von Tierversuchen, wenn es Alternativen zur Verwendung tierischer Probanden gibt.

Ich habe diesen letzten Punkt bisher kaum erörtert. Jedes Jahr werden etwa 50 Millionen Tiere – mehr als 2 Millionen in Frankreich – zu Versuchszwecken in Laboratorien geopfert. Seien wir ehrlich: Fast alle Medikamente, die wir in der Apotheke kaufen, wurden zuvor an Tieren getestet, und es erscheint gegenwärtig unrealistisch, dass sämtliche Experimente an ihnen abgeschafft werden könnten. Man sollte jedoch – und die Entwicklung weist in diese Richtung – die Verwendung von Tieren zum Testen kosmetischer Produkte (Shampoos, Schönheitscremes usw.) verbieten, die für den Menschen in keinerlei Weise lebensnotwendig sind. Man sollte jedoch auch von den Laboratorien, die für die medizinische Forschung arbeiten – unabhängig davon, ob es sich um Grundlagenforschung oder um pharmazeutische Forschung handelt –, verlangen, dass sie die Tiere nur dann verwenden, wenn es keinerlei Alternativen gibt. Doch aus Gewohnheit, Bequemlichkeit und Kostengründen quälen die meisten Laboratorien weiterhin Affen, Hunde, Ratten oder Schweine, obwohl in den meisten Fällen andere Methoden die Forschung vorantreiben könnten oder sich diese Experimente als vollkommen nutzlos erweisen. Der Psychologe

Harry Harlow hat jahrzehntelang Tausende von Versuchstieren gequält, um beispielsweise »die Auswirkungen sozialer Isolation« zu untersuchen. Dabei sperrte er Affenbabys in isolierte Stahlkäfige, bevor er am Ende seiner langen Karriere zugab, dass »die meisten Experimente überflüssig sind und es sich nicht lohnt, die erzielten Daten zu veröffentlichen.«[39] In Anbetracht der unzähligen Missbräuche schreibt eine im Jahr 2010 veröffentlichte europäische Richtlinie vor: »Der Einsatz von Tieren zu wissenschaftlichen Zwecken oder zu Bildungszwecken sollte deshalb nur dann erwogen werden, wenn es keine tierversuchsfreie Alternative gibt.«[40] Doch trotz dieser Richtlinie und ungeachtet der Existenz zahlreicher alternativer Methoden – wie Zell-, Gewebe- und Organkulturen *in vitro* – fügt die große Mehrheit der Labore Tieren weiterhin Leiden zu. Nur ein Gesetz auf europäischer Ebene könnte diesem Skandal endlich ein Ende bereiten.

Ein Kampf für alle

Es ist nutzlos, unsere menschlichen Interessen den Euren gegenüberzustellen. Euch zu respektieren, Eure Misshandlung zu beenden und die industrielle Tierhaltung aufzugeben: das liegt auch im tiefsten Interesse aller Menschen.

Das sage ich erstens, weil, wie bereits mehrfach von großen Denkern festgehalten wurde, die Grausamkeit gegen Euch nur eine Vorstufe zur Grausamkeit gegenüber Menschen darstellt. Die Romanschriftstellerin Marguerite Yourcenar hat etwas sehr Scharfsinniges zu diesem Thema geschrieben: »Revoltieren wir gegen die Unwissenheit, die Gleichgültigkeit, die Grausamkeit, die sich überdies nur deshalb so häufig gegen den Menschen wenden, weil sie an den Tieren eingeübt werden. Bedenken wir, da wir immer alles auf uns selbst zurückführen müssen, daß es weniger misshandelte Kinder gäbe, wenn es weniger gequälte Tiere gäbe, weniger plombierte Wagen, die die Opfer irgendwelcher Diktaturen in den Tod bringen, wenn wir uns nicht an die Waggons gewöhnt hätten, in denen die Tiere auf dem Weg zum Schlachthof ohne Wasser und ohne Nahrung mit dem Tod ringen, weniger menschliches Wild, das von Schüssen niedergemacht wird, wenn der Geschmack am Töten und die Gewöhnung daran nicht das tägliche Brot der Jäger wären.«[41]

Zweitens leiden auch die meisten Landwirte sowie diejenigen, die in den Schlachthöfen arbeiten, am Ende darunter, dass sie den Tieren so viele Qualen zufügen, selbst wenn sie sich hinter schützenden Argumenten verstecken und selbst wenn sie sich einreden, dass Ihr keine Schmerzen fühlt. Trotz der Mauer, die sie zwischen Euren Schreien und ihrem Gewissen errichtet haben, kennen sie Euer Leiden unglücklicherweise nur allzu gut. Die Soziologin Jocelyne Porcher, Forschungsleiterin am INRA, hat gezeigt, dass Landwirte, die eine traditionelle Tierhaltung betreiben, bei der sie persönliche, emotionale Beziehungen zu ihren Tieren unterhielten, sehr viel weniger unter Angststörungen und Depressionen litten als diejenigen, die eine intensive Tierzucht ohne jede Rücksicht auf die Tiere betreiben. Abgesehen von dieser moralischen Qual schaffen es die meisten Tierzüchter nicht mehr, über die Runden zu kommen, weil die Fleischindustrie (die für die Schlachtung, Produktverarbeitung, den Vertrieb und den Verkauf in Supermärkten zuständig ist) ihnen die Tiere unterhalb der Produktionskosten abkauft (und am Ende ist sie die Einzige, die sich bereichert). Wie Aymeric Caron zu Recht hervorhebt: »Man betrachte dieses dramatische Bild im Bild: Tiere, die von Tierzüchtern versklavt werden, die wiederum von Industriellen versklavt werden.«[42]

Drittens zieht der übermäßige Fleischkonsum zahlreiche Umwelt- und Gesundheitsprobleme nach sich, weil es nicht möglich sein wird, neun Milliarden Menschen mit unserer heutigen Ernährungsweise am Leben zu erhalten. Ich habe bereits kurz die Gesundheitsprobleme angesprochen, die mit übermäßigem Fleischkonsum verbunden sind. Die Zahl der Studien zu dieser Frage nimmt stetig zu. Eine davon, die *European Prospective Investigation into Cancer and Nutrition* mit 521 000 Teilnehmenden, hat gezeigt, dass das Risiko, an Darmkrebs zu erkranken, bei Per-

»Das Herz ist nur eines, und die gleiche Erbärmlichkeit, die dazu führt, ein Tier zu misshandeln, zeigt sich unverzüglich auch in der Beziehung zu anderen Menschen. Jegliche Grausamkeit gegenüber irgendeinem Geschöpf ›widerspricht der Würde des Menschen‹.«

PAPST FRANZISKUS
(geb. 1936)

sonen mit dem höchsten Verzehr von rotem Fleisch um 35 Prozent erhöht war, im Vergleich zum Risiko bei Personen, die am wenigsten rotes Fleisch aßen. Ebenso hat eine von der Universität Oxford veröffentlichte Studie mit mehr als 100 000 Personen gezeigt, dass der tägliche Konsum von Fleisch das Sterblichkeitsrisiko aufgrund von Herz-Kreislauf-Erkrankungen im Schnitt um rund 20 Prozent erhöht und das Sterblichkeitsrisiko durch Krebs um 13 Prozent. Man könnte auch an die Gesundheitsskandale erinnern, die mit der industriellen Tierhaltung in Verbindung stehen, wie das berühmte Beispiel des »Rinderwahnsinns«. Doch ich möchte vor allem auf die dramatischen Folgen der Tierhaltung für die Umwelt und die Probleme der Unterernährung in der Welt eingehen.

Die Tierhaltung ist eine der Hauptursachen für die Klimaerwärmung, noch vor dem Verkehrssektor. Eine Vegetarierin trägt mehr zum Kampf gegen den Klimawandel bei als eine Person, die sich dazu entscheidet, ihr Auto nicht mehr zu benutzen. Zwei Drittel der Böden, die für den Anbau zur Verfügung stehen, werden als Weideland oder zur Produktion von Nahrungsmitteln verwendet, die für die Tierhaltung bestimmt sind, während uns immer noch akut nutzbare Böden fehlen, um alle Menschen zu ernähren. Während der großen Hungersnot in Äthiopien im Jahr 1985 exportierte das Land Millionen Tonnen von Getreide, das für englisches Vieh bestimmt war. Die Gleichung ist simpel: Um ein Kilo Fleisch zu produzieren, benötigt man dieselbe Fläche wie für den Anbau von 200 Kilogramm Tomaten oder 160 Kilogramm Kartoffeln. Ein Hektar Land kann zwei Fleischesser oder 50 Vegetarier ernähren. Wie Matthieu Ricard in Erinnerung ruft: »Fleisch zu essen ist also ein Privileg der reichen Länder, das auf Kosten armer Nationen geht.«[43] Und eine Lösung für das Problem ist noch längst nicht in Sicht, denn obwohl der Verbrauch von rotem Fleisch (das am schädlichs-

»Könnte man nicht […] damit beginnen, sich auf die Liebe zu einigen, die man den Tieren schuldet? […] Und das ganz einfach im Namen des Leidens, um das Leiden, das grauenvolle Leiden abzutöten, von dem die Natur lebt und das die Menschheit versuchen sollte so weit wie möglich zu verringern, im Namen eines fortgesetzten Kampfes, dem einzigen Kampf, auf den zu beharren klug wäre.«

ÉMILE ZOLA
(französischer Schriftsteller, 1840–1902)

ten für die Umwelt ist) aus gesundheitlichen Gründen in westlichen Ländern allmählich zurückgeht, explodiert er in Schwellenländern wie China (plus 600 Prozent im Verlauf der vergangenen 20 Jahre).

Die Hälfte des weltweiten Trinkwasserverbrauchs wird für die Fleischproduktion und für Milchprodukte verwendet (in den Vereinigten Staaten sind es 80 Prozent). Aymeric Caron hat errechnet, dass man ebenso viel Wasser für die Herstellung von einem Kilo Steak benötigt wie für eine Dusche pro Tag innerhalb eines ganzen Jahres (ca. 15 000 Liter). Und derweil leiden 40 Prozent der Weltbevölkerung unter Wasserknappheit …

Unser übermäßiger Verzehr von Tieren hat weitere schädliche Folgen für unseren Planeten. Zu den Hauptbetroffenen zählen die Wälder: 80 Prozent der Zerstörung des Amazonasregenwaldes sollen auf den Anstieg der Rinderzahlen zurückzuführen sein, für deren Haltung Flächen gerodet werden. Abgesehen von den negativen Folgen für den Treibhauseffekt führt der massive Rückgang der Regenwälder auch zum Aussterben zahlreicher Tierarten. Dasselbe gilt für den industriellen Fischfang, der mit rund 100 Milliarden jährlichen Fängen die Meeresböden zerstört sowie zahlreiche Fisch- und Korallenarten ausrottet. Was wir zumeist nicht wissen: Um bestimmte, sehr begehrte Fische oder Krustentiere zu fangen, werden in den Netzen auch große Mengen anderer Fische gefangen, die ersticken und dann tot zurück ins Meer geworfen werden. In seinem Buch *Tiere essen* stellt Jonathan Safran Foer fest, dass für 500 Gramm Garnelen 13 Kilo weitere Meerestiere getötet und zurück ins Meer geworfen werden, während 145 Arten zufällige Opfer des Thunfischfangs werden. Schätzungen zufolge werden beim gegenwärtigen Rhythmus der Jagd, des Fischfangs und der Entwaldung in 30 Jahren ungefähr 30 Prozent aller Arten verschwunden sein. Man könnte noch die starke Verschmutzung der Fließgewässer und des Grundwassers erwähnen, die mit den Exkrementen aus der Nutztierhaltung zusammenhängt. Kurzum: Euch zu essen ist ein Drama für Euch Nutztiere, doch es ist zugleich eine Katastrophe für uns Menschen und für unseren Planeten, der uns alle beherbergt.

Wie uns Tiere guttun

Jahrtausendelang war unser Verhältnis zu Euch im Wesentlichen nutzenorientiert: Wir haben Euch benutzt oder ausgebeutet, um spezifische Bedürfnisse wie Essen, Arbeit, Fortbewegung oder Bekleidung zu befriedigen. Natürlich haben sich zwischen einigen Menschen und ihren Tieren auch emotionale Beziehungen entwickelt, insbesondere mit Pferden, Katzen, Hunden oder Vögeln, doch erst seit Kurzem hat diese freundschaftliche Dimension zwischen Mensch und Tier einen wichtigen Platz in unseren modernen Gesellschaften eingenommen, mit einem spektakulären Anstieg der Heimtierzahlen. In Frankreich schätzt man, dass ungefähr in zwei von drei Haushalten ein Tier lebt. Das entspricht mehr als 60 Millionen Tieren, in der Mehrzahl Hunde, Katzen, Nagetiere und Fische. Die emotionale Beziehung, die zwischen dem Menschen und seinem Haustier geknüpft wird, kommt oft beiden Seiten zugute, da jeder dem anderen beispielsweise Liebe, Sicherheit oder Aufmerksamkeit schenkt. Ich habe innige Beziehungen zu sechs Katzen (Nahidi, Bambou, Déesse, Pouchkine, Pompon, Chaman) und drei Hunden (Golfie, Gustave, Luna) geknüpft, und ich kann bezeugen, wie sehr sie mein Leben geprägt haben. Sechs von ihnen sind tot, und ich habe um sie geweint wie um liebe Freunde. In schweren Augenblicken meines Lebens haben sie mir, jeder auf seine ganz eigene Weise und je nach eigener Persönlichkeit, Trost gespendet sowie Zuneigung und Freude geschenkt. Bei fast allen Büchern, die ich geschrieben habe, saß eine Katze neben meinem Rechner, und ihre Gegenwart hat mich sicherlich inspiriert, ebenso wie die Anwesenheit meiner Hunde, mit denen ich zwischen zwei Kapiteln spazieren ging, mir geholfen hat, mich zu entspannen und wieder ein Gefühl für meinen Körper zu bekommen. Meine tierischen Freunde haben mir viel gegeben, und ich hoffe, dass ich ihnen auch die ganze Aufmerksamkeit und Zuneigung gegeben habe, die sie verdienten, selbst wenn mich heute mein Nomadenleben zu oft von meinen drei Katzen entfernt. Von all diesen tierischen Freunden war derjenige, der mein Leben am meisten geprägt hat, zweifelsohne Gustave, ein Leonberger-Mischlingshund, den ich im Alter von sechs Monaten aus dem Tierheim aufgenommen habe. Man hatte ihm den Namen Manhattan gegeben, vermutlich, weil er um den 11. September 2001 herum geboren wurde. Im Alter von sechs Monaten von seinen Besitzern ausgesetzt, war er vom Tierheim aufgenommen worden, doch das Verlassenwerden hatte ihn so sehr traumatisiert, dass er nicht allein bleiben konnte. In Abwesenheit seiner Halter zerstörte er alles im Haus oder bellte unaufhörlich, wenn man ihn angeleint draußen ließ. Er war bereits zweimal von Haltern, die mit den Nerven am Ende waren, zurück zum Tierheim gebracht worden. Ich lebte damals in einem kleinen Dorf des Waldes von Fontainebleau, und meine Katze Bambou, die böswillige Nachbarn vergiftet hatten, war gerade erst gestorben. Nach einigen Monaten hatte ich mich dazu entschlossen, eine neue Katze aus dem Tierheim aufzunehmen. Schon von Weitem bemerkte ich diesen großartigen und riesigen Hund (er wog schon damals mehr als 60 Kilo) mit dem so unglücklichen Blick. Es war Liebe auf den ersten Blick. Man erzählte mir seine Geschichte und dass man ständig zu Hause sein müsse, um ihn aufnehmen zu können, was nicht auf mich zutraf. Ich nahm daher wie beabsichtigt einen schwarzen Kater auf, den ich auf den Namen Pouchkine taufte. Doch ich konnte nicht aufhören, an Manhattan zu denken. Drei Monate später kehrte ich zum Tierheim zurück, um die Papiere für meinen Kater auszufüllen, als ich ein tiefes und kräftiges Bellen vernahm: Er war immer noch da. Der Verantwortliche des Tierheims erklärte mir, dass er ein viertes Mal vermittelt und wieder abgegeben worden war. Nun müsse man ihn einschläfern, wenn man nicht sehr schnell eine Person finde, die ihn gern aufnehmen würde und dauernd an seiner Seite leben könnte, da das Tierheim voll sei. Ich habe keinen Moment lang gezögert. Ich bin mit dem Hund nach Hause zurückgekehrt, und in den acht Jahren, die er noch gelebt hat, fand ich immer Lösungen, zum Beispiel indem Nachbarn ihn hüteten oder ich ihn auf meine zahlreichen Reisen mitnahm. Vom ersten Tag an fühlten wir uns sehr stark miteinander verbunden. Ich benannte ihn in »Gustave« um. Er wurde einer meiner engsten Freunde, spendete mir Trost, machte mir gute Laune, war ein ausgelassener Begleiter auf unseren gemeinsamen Spaziergängen, gab mir Liebe und Halt. Er war derart liebenswert mit seinem dicken Teddybärkopf, dass ich zahlreiche berührende Begegnungen beim Spazierengehen mit ihm hatte, besonders mit Kindern, die er liebte. Gegenüber kleinen Tieren wie Katzen übernahm er die Rolle des Beschützers, und es war ein reines Glück, ihn zu sehen, wie er zusammen mit den Kätzchen schlief, nachdem ich Pompon und Chaman aufgenommen hatte, die ich auf einem Holzhaufen gefunden hatte. In verschiedenen schmerzlichen Momenten tröstete er mich und schleckte mir das Gesicht ab, besonders wenn ich unter Liebeskummer litt, und sein Tod machte mich lange Zeit untröstlich.

Ich habe mit meinen Hunden und Katzen erfahren, was viele Menschen erlebt haben: Die Kraft einer emotionalen Bindung, die der Beziehung, die wir zu Menschen knüpfen können, in nichts nachsteht. Sie spüren unsere Emotionen vollkommen und spenden uns den Trost, den wir manchmal benötigen. Eine Freundin von mir, Paule, fand ihre Wohnung eines Abends nach ihrer Rückkehr aus dem Büro komplett leer geräumt vor: Ihr Partner hatte sie verlassen und alle Möbel mitgenommen. Nur die Katze und ihren Napf ließ er zurück. Während sie weinte, kam ihre Katze Mao zu ihr und schleckte ihr etwa eine halbe Stunde lang das Gesicht, um ihre Tränen aufzufangen. Heimtiere, aber auch andere Tiere wie Pferde, Esel, Schweine, Vögel usw. können sehr tiefe und feste Beziehungen der Freundschaft und Liebe zu Menschen knüpfen. Ich erinnere mich an die Freundschaft zwischen meinem Großvater und einem Rotkehlchen, das sich jeden Morgen neben ihn setzte, wenn er die Zeitung in seinem Garten las. Und mein Freund Hubert Reeves kann Stunden damit verbringen, sich mit den Vögeln bei seinem Haus in Malicorne auszutauschen. Eine andere Freundin aus Quebec, Christine Michaud, pflegt eine außergewöhnliche Beziehung zu Juju, einer Rieseneidechse, und Chopin, einem Papagei, der sie jeden Abend, wenn sie nach Hause kommt, fragt: »Na du, wie geht's dir so?«

Es steht fest, dass die Gegenwart von Tieren sehr guttut; sie hilft Kindern, Selbstvertrauen zu gewinnen, und alten Menschen, die Einsamkeit zu ertragen. In einigen Fällen jedoch verrät eine übermäßige Tierliebe auch ein Unvermögen, zusammen mit Menschen zu leben. Wir alle kennen menschenfeindliche Leute, die die Gesellschaft anderer Menschen meiden und sich stattdessen in die Beziehung zu ihren Tieren flüchten. Oft handelt es sich um Personen, die zurückgewiesen, verlassen oder verletzt wurden und die nur bei ihren Heimtieren eine unerschütterliche Zuneigung, einen beständigen Halt finden. Andere nehmen Dutzende von Tieren auf, obwohl sie manchmal in engsten räumlichen Verhältnissen wohnen. Dieses pathologische Symptom wird

»Sanftmut gegenüber Tieren gewöhnt in ›erstaunlicher‹ Weise an das Wohlwollen gegenüber Menschen. Denn wer sanftmütig ist, wer sich liebevoll gegenüber nicht-menschlichen Geschöpfen verhält, der kann auch die Menschen nicht ungerecht behandeln.«

PLUTARCH
(Philosoph, um 46 – 125)

auch »Tierhortung« genannt. Zahlreiche psychische Störungen gehen mit einer zu starken oder zu ausschließlichen Bindung an Tiere einher; Kinder meiden manchmal die Gesellschaft anderer Kinder und suchen lieber die Sicherheit vermittelnde Gesellschaft ihres Heimtieres, was jedoch auch zum Verlust ihrer sozialen Bindungen beitragen kann. Die Schwärmerei für Heimtiere kann auch für die Tiere selbst zum Problem werden. Jedes Jahr im Sommer hört man bedrückende Geschichten von Tieren, die von unverantwortlichen Menschen, denen sie plötzlich zur Last fallen, wie Sachen behandelt und am Rande der Autobahn ausgesetzt werden. Der Handel mit Tieren stellt ebenfalls ein Problem dar. Ich persönlich käme niemals auf die Idee, ein Tier zu kaufen oder zu verkaufen. Dieser Markt ist ein riesiges Geschäft, das von schrecklichen Praktiken begleitet wird: Die nicht verkauften Tiere werden manchmal getötet oder Pharmalaboren als Versuchstiere überlassen. Dabei gibt es genügend Tiere, die man adoptieren könnte, entweder von Einzelpersonen, die sie abgeben, oder natürlich aus einem Tierheim, sodass man diesen Handel nicht unterstützen muss.

Seit etwa 60 Jahren hat sich eine neue, mit Tieren verknüpfte Behandlungsform entwickelt: Die tiergestützte Therapie. Um das in medizinischen Fachkreisen umstrittene Wort »Therapie« zu vermeiden, spricht man auch von »tiergestützter Intervention«, »tiergestützter Pädagogik« oder »tiergestützter Arbeit«. Die Idee, Tiere zur Unterstützung bei der Heilung bestimmter kranker Menschen oder zur Steigerung ihres Wohlbefindens einzusetzen, ist nicht neu. Im 19. Jahrhundert haben Ärzte Tiere in Pflegeinstitutionen (insbesondere in »Irrenanstalten«) eingeführt, um Kranke zu beruhigen. Doch als Begründer der modernen tiergestützten Therapie gilt Doktor Boris Levinson. In den 1950er Jahren empfing der New Yorker Psychiater in seiner Praxis Johnny, ein stummes, als autistisch diagnostiziertes Kind. Just an diesem Tag hatte sich Jingles, der Hund des Arztes, unbemerkt von seinem Halter in dessen Büro geschlichen. Bevor er auch nur die Zeit hatte, ihn wieder hinauszuschicken, bemerkte der Psychiater, dass das Kind von dem Hund angezogen wurde und versuchte, in Kontakt mit ihm zu treten. Er beobachtete die Szene und erlebte erstaunt, dass Johnny aus seiner Stummheit ausbrach und mit dem Hund sprach. Am Ende der Sitzung bat das Kind lächelnd darum, den Hund wiedersehen zu dürfen. Das war die Geburtsstunde der tiergestützten Therapie. Die Idee besteht darin, dass ein Therapeut (Arzt, Psychologe, Psychomotoriker usw.) von einem Tier begleitet wird, um die Behandlung des Patienten zu erleichtern. Die Unterstützung durch ein Tier erweist sich als nützlich für Menschen mit einer körperlichen oder geistigen Behinderung oder Beeinträchtigung: Menschen mit Mehrfachbehinderungen, Blinde, Unfallopfer, depressive und autistische Menschen oder Personen mit gestörtem Selbstbild. Darüber hinaus ist sie sehr hilfreich beim Trösten kranker Kinder oder im Rahmen der Resozialisierung von Häftlingen und Straftätern.

Das zu diesem Zweck am stärksten beanspruchte Tier ist der Hund. Mit seinem treuen und beschützenden Wesen tröstet er, verstärkt die Empathie und gibt wieder Zuversicht, und sein verspielter und fröhlicher Charakter stärkt zugleich die Kreativität sowie die Fantasie und stimuliert depressive Menschen. Katzen wiederum können nervöse Menschen beruhigen, und laut Jean-Yves Gauchet, seines Zeichens Tierarzt und Erfinder der »Schnurrtherapie«, aktiviert ihr Schnurren die Produktion von Serotonin, wirkt sich positiv auf den Blutdruck aus und erhöht das Wohlgefühl. Das kann ich bestätigen! Und mir ist auch aufgefallen, dass sich meine Katzen oft schnurrend auf einen Bereich meines Körpers legen, der mir zu schaffen macht (zum Beispiel auf den Unterleib, wenn ich Darmbeschwerden habe). Aus all diesen Gründen hat man festgestellt, dass Katzen eine positive Wirkung auf ältere Menschen haben. Das Krankenhaus Charles-Foix in Ivry-sur-Seine, in dem ältere Menschen und Kranke leben, hat seit rund 30 Jahren mehr als 200 Katzen (unter tierärztlicher Kontrolle) aufgenommen, die frei in der Einrichtung und den Zimmern der Rentner herumspazieren, die sie hereinbitten. Die Ergebnisse scheinen bemerkenswert: Sowohl Angststörungen und Depressionen als auch bestimmte körperliche Probleme (wie Bluthochdruck) werden dadurch gelindert. Einige Gefängnisse, wie das von Lorton in Washington, greifen ebenfalls auf Katzen zurück, um die Insassen zu beruhigen, Depressionen zu bekämpfen und deren Aggressivität zu verringern.

Auch Pferde (Hippotherapie) werden immer häufiger von Therapeuten verwendet, um Menschen (Kindern wie Erwachsenen) zu helfen, sich besser kennenzulernen, Vertrauen zu sich und anderen aufzubauen sowie zu lernen, ihre Emotionen zu beherrschen und Beziehungen aufzubauen. Es gibt immer mehr Reiterhöfe, die sich auf Hippotherapie spezialisiert haben, insbesondere um autistischen oder verhaltensauffälligen Kindern zu helfen. Durch ihre Kommunikation mit dem Pferd, mit dem sie sich wohler fühlen als mit Menschen, lernen die Kinder, sich anderen zu öffnen und mit ihnen zu kommunizieren, indem sie ihnen stärker vertrauen. Pferde werden auch von vielen Therapeuten in der Bewegungstherapie oder der Psychomotorik eingesetzt.

Die Therapie mit Delphinen bzw. die Delphintherapie wird ebenfalls für autistische Kinder oder Kinder mit von der sozialen Norm abweichendem Verhalten eingesetzt, weil der warmherzige, empathische und heitere Charakter der Tiere ihnen hilft, ihr Selbstbewusstsein zu fördern und zu lernen, anderen zu vertrauen. Nichtsdestoweniger ist die Gefangenschaft der Delphine problematisch. Diese Tiere sind nur in Freiheit glücklich, und man weiß im Übrigen, dass die Jäger

»Es sind wirklich die Gründe, weshalb man ein Tier wie Topsy (oder Jofi) mit so merkwürdiger Tiefe lieben kann, die Zuneigung ohne Ambivalenz, die Vereinfachung des Lebens, von dem schwer erträglichen Konflikt mit der Kultur befreit, die Schönheit einer in sich vollendeten Existenz. […]
Oft, wenn ich Jofi gestreichelt, habe ich mich dabei ertappt, eine Melodie zu summen, die ich ganz unmusikalischer Mensch als die Arie aus dem ›Don Juan‹ erkennen mußte:
Ein Band der Freundschaft
bindet uns beide …«

SIGMUND FREUD
(österreichischer Arzt, Begründer der Psychoanalyse, 1856–1939)

zum Fangen der schönsten Exemplare Hunderte anderer abschlachten. Wir sollten sie daher lieber nur beobachten und mit ihnen im offenen Meer schwimmen!

Sehr viele Therapieformen werden somit durch die Gegenwart von Tieren unterstützt, und ich freue mich, dass immer mehr Pflegeeinrichtungen auf Euch, meine Freunde – Hunde, Katzen, Nagetiere, Pferde, Esel, Vögel und andere – zurückgreifen. Hunderte von kleinen Organisationen, die sich ehrenamtlich in ganz Frankreich aktiv einsetzen, praktizieren verschiedene Formen der tiergestützten Therapie. Der regionale Fernsehsender *France 3 Bourgogne* hat vor Kurzem eine Reihe bewegender Reportagen ausgestrahlt, in denen einige von ihnen vorgestellt wurden. Man lernt dort etwa die Arbeit einer Psychomotorikerin und tierunterstützten Therapeutin der Organisation AZCO kennen, die sich in die Krebsabteilung des Kinderkrankenhauses der Universitätsklinik von Dijon begibt, um Workshops für kranke Kinder mit Kaninchen, Meerschweinchen und einem Chinchilla anzubieten. Die Kinder dürfen die Tiere so lange streicheln, wie sie möchten, und sie bürsten und füttern. In dieser Zeit, die sie mit den Tieren verbringen und die sie sehr genießen, vertrauen sie sich oft leichter den Ärzten und der Therapeutin in Bezug auf ihre Empfindungen an. In einer anderen Reportage begegnen wir einem Falkner mit einem großen Herzen: Hubert Josselin, Gründer der Organisation *Les Chouettes du cœur* (›Die Eulen des Herzens‹). Er leitet »Eulentherapie«-Workshops in Alten- oder Behindertenheimen, um den Bewohnern durch den Kontakt mit diesen ungewöhnlichen Tieren das Lächeln zurückzugeben. In der dritten Reportage lernen wir eine Organisation kennen, die eine Blindenhundeschule führt. Sie bringt Welpen in Familien unter und bildet sie innerhalb von zwei Jahren zu Blindenhunden aus, die dann an blinde Menschen vermittelt werden. Die Blindenhunde helfen den Menschen im Alltag, schenken ihnen liebevolle Nähe und leisten ihren Haltern zudem unzählige Dienste.

Einige haben auch die hilfreiche Idee gehabt, mit Hunden in Schulen zu gehen und sie zu Unterrichtszwecken bei der Gewaltprävention einzusetzen. So geht die Gründerin der Organisation »Enfant-Animal-Nature, Prévention de la violence« (›Kind-Tier-Natur, Gewaltprävention‹), Marie-Christine Charmier-Ribowski, regelmäßig im Rahmen von außerschulischen Aktivitäten mit ihrer Golden-Retriever-Hündin Lili in Grundschulklassen. In der Gegenwart des Tieres spricht sie mit zahlreichen Hilfsmitteln (Bücher, Filme, Zeichnungen) über die Misshandlung von Tieren, die manchmal auch von Kindern selbst ausgeht. Es entwickelt sich so eine Diskussion über Gewalt, ihre Ursachen, die Art, wie sie gerechtfertigt wird usw. Und über die Tiere kommt man schließlich zum Thema Gewalt unter Kindern. Viele Kinder öffnen sich dann und sprechen über die Gewalt, der sie selbst ausgesetzt sind oder die sie selbst ausüben. Die beruhigende Gegenwart des Hundes erleichtert den Dialog, und wenn es in der Klasse zu laut wird, bellt Lili ein paar Mal, um die Ruhe wiederherzustellen.

Könnte man nicht diese positiven Beziehungen auf die Beziehung zwischen uns Menschen und Euch Nutztieren ausdehnen? Ich träume von Bauernhöfen, auf denen man Tiere aufzieht, nicht um sie zu essen, sondern um ihnen zu ermöglichen, in Harmonie in unserer Mitte zu leben. Als Kind bin ich auf dem Land aufgewachsen, und wir fuhren in den Ferien immer in ein kleines Dorf im Département Hautes-Alpes, dessen Bauern viele Tiere besaßen. So habe ich in meiner ganzen Kindheit regelmäßig Schweine, Kühe, Kälber, Hühner, Schafe, Ziegen, Esel und Maultiere um mich gehabt, und ich erinnere mich, wie die Gegenwart dieser Tiere mich glücklich gemacht hat. Menschen, die den Vegetarismus ablehnen, haben mich darauf hingewiesen, dass diese Tiere aus unseren ländlichen Gebieten verschwinden und aussterben würden, wenn alle Menschen zu Vegetariern würden. Ich würde gern darauf antworten, dass man zunächst einmal eine Tierhaltung schaffen könnte, die das Wohl der Tiere respektiert. Und warum sollten wir nicht, falls wir tatsächlich eines Tages kein Fleisch mehr essen sollten, durch unsere Kommunen Bauernhöfe finanzieren, die nur dazu da wären, dass wir Euch beobachten und in Kontakt mit Euch Freunden – Kühen, Schweinen, Hühnern, Schafen – treten können? Sicherlich wäret Ihr sehr viel weniger zahlreich, was aus ökologischen Gründen und angesichts des Kampfes gegen den Hunger nötig wäre, doch Ihr würdet weiterhin auf den Wiesen grasen oder frei auf großen Weiden unter offenem Himmel herumspringen. Unsere Kinder würden kommen, um Euch zu besuchen, um Euch kennenzulernen. Das wäre auch ein schöner Beitrag zum Erhalt der Biodiversität, ohne Euch dabei auszubeuten. Die Organisation Welfarm hat ein solches Bauernhof-Refugium in Vauquois im Département Meuse geschaffen. Dort müsst Ihr nichts produzieren, sondern dürft Euer Leben friedlich dort beenden, wo Ihr geboren wurdet, und viele Kinder aus den Schulen kommen dorthin, um Euch zu beobachten und mit Euch in Kontakt zu treten.

Zum Schluss

Ein großer westlicher Denker, Friedrich Nietzsche, verlor im Jahr 1889 in Turin den Verstand, während er unter Tränen ein Pferd umarmte, das von seinem Kutscher geschlagen worden war. Liebe Tiere, ich habe durchaus den Eindruck, dass wir Menschen auch den Verstand verloren haben, jedoch aus den falschen Gründen, und zwar in Bezug auf unser Verhalten gegenüber Euch. Unter dem Vorwand unserer überlegenen intellektuellen Fähigkeiten handeln wir irrational und folgen schlicht unseren Bedürfnissen und unserem Verlangen, Euch zu benutzen oder zu essen. Die wirtschaftlichen Gründe, die manchmal angeführt werden, um diese Ausbeutung aufrechtzuerhalten, sind dieselben wie die, mit denen man früher versucht hat, die Sklaverei oder Kinderarbeit in unseren menschlichen Gesellschaften zu rechtfertigen. Einige meinen, man solle sich lieber dafür einsetzen, das Schicksal der Menschen zu verbessern, statt seine Zeit mit Tierschutz zu verbringen, als ob die Energie, die man den einen widmet, den anderen gestohlen würde. Ich habe bereits angesprochen, dass historisch betrachtet die meisten Verteidiger des Tierschutzes auch die leidenschaftlichsten Verfechter der Menschenrechte und des Kampfes gegen jede Form der Diskriminierung in unseren Gesellschaften waren. Peter Singer antwortet sehr gut auf diesen gängigen Einwand:

In der Tat sollten [...] alle, die in Anspruch nehmen, sich um das Wohlergehen der Menschen und die Bewahrung unserer Umwelt zu sorgen, schon allein aus diesem Grund zu einer vegetarischen Lebensweise übergehen. Sie würden dadurch die Menge des für die Ernährung von Menschen in anderen Teilen der Welt verfügbaren Getreides erhöhen, die Umweltverschmutzung vermindern, Wasser und Energie einsparen und nicht mehr zur Rodung der Wälder beitragen; da eine vegetarische Ernährung billiger ist als eine Ernährung, die auf Fleisch basiert, würde ihnen darüber hinaus mehr Geld zur Verfügung stehen, das sie für die Bekämpfung des Hungers, die Kontrolle des Bevölkerungswachstums oder ein anderes soziales oder politisches Anliegen, das ihnen als das dringlichste erscheint, verwenden könnten.[44]

Auf meinem bescheidenen Niveau engagiere ich mich seit Langem für eine große Anzahl humanitärer Zwecke, ich unterstütze viele hilfsbedürftige Kinder in armen Ländern, ich fördere eine Organisation für die Solidarität zwischen den Generationen (die »Parisolidaire«) und ich habe unter der Schirmherrschaft der Fondation de France eine Stiftung mitbegründet, deren Ziel es ist, das Zusammenleben in unseren Gesellschaften durch die Bildung unserer Kinder zu fördern (www.fondationseve.org). Ich kann mir nicht vorstellen, liebe Tiere, nicht auch für Euch eine bessere, respektvollere und brüderlichere Welt anzustreben. Und ich weiß, dass dieses Bedürfnis von immer mehr Menschen geteilt wird, insbesondere unter den jungen Generationen, die gegenüber all dem Leid, das wir Euch zufügen, nicht mehr gleichgültig bleiben können.

Wir Menschen haben einen weiten Weg zurückgelegt. In wenigen Jahrtausenden sind wir vom Kannibalismus zur universellen Erklärung der Menschenrechte gelangt. Doch zunächst hat sich unser Gefühl der »Menschlichkeit« gegen Euch gerichtet. Die großen westlichen Denkströmungen, die die Achtung der menschlichen Person ermöglicht haben – im Wesentlichen der Stoizismus und das Christentum –, haben die Konzepte der Menschlichkeit und Gleichheit aller Menschen dadurch aufgebaut, dass sie uns Euch gegenübergestellt haben. Was die Menschen vereinte – unabhängig von ihrer Herkunft, ihrem Geschlecht, ihrer Religion oder ihrem sozialen Status –, das war die Würde ihrer Person als Träger des göttlichen Logos (Stoizismus) oder als Kinder Gottes (Christentum). Ihr Tiere wart ausgeschlossen von dieser Würde, und wir haben Euch dafür teuer bezahlen lassen im Verlauf der vergangenen zwei Jahrtausende. Mit Blick auf die lange Geschichte jedoch erwächst aus dem Übel vielleicht doch am Ende noch etwas Gutes für Euch. Denn das Paradoxon unserer komplexen Geschichte besteht darin, dass der aus dem griechischen und christlichen Denken hervorgegangene Humanismus schlussendlich zur Geburt der Menschenrechte und zum Kampf gegen jede Form von Diskriminierung geführt hat. Im Zuge dessen erheben sich schließlich seit bald zwei Jahrhunderten im Westen die meisten Stimmen zu Eurer Verteidigung, während die Zahl der Organisationen zum Tierschutz steigt und Eure Rechte die größten Fortschritte machen.

Wir erleben wahrscheinlich gerade, und ich hoffe es von ganzem Herzen, den Übergang zu einer höheren ethischen Stufe, auf der sich das humanistische Denken von seinem anthropozentrischen Rahmen emanzipiert, um sich auf alle empfindungsfähigen Wesen auszudehnen, die auf der Erde leben. Will man »Menschlichkeit« zeigen, ist es nicht mehr damit getan, seine Mitmenschen zu achten, sondern jedes Lebewesen ist je nach Grad seiner Empfindungsfähigkeit und seines Bewusstseins zu respektieren. Das Leben auf der

Erde drückt sich in einer unendlich reichen Vielfalt aus. Da der Mensch heute die Spezies mit dem stärksten Bewusstsein und der größten Macht ist, bleibt zu wünschen, dass er seine Kräfte nicht mehr darauf verwendet, diese Lebensformen auszubeuten und zu zerstören, sondern sie zu schützen und ihnen zu dienen. Das ist für mich unsere schönste Berufung: Beschützer und Diener der Welt zu sein.

Nachwort

Im Laufe dieser Seiten habe ich mehrere Kämpfe erwähnt, die dringend geführt werden müssen, um die Situation der Tiere zu verbessern: von der Schaffung eines ethischen Labels für artgerechte Tierhaltung – das die Genehmigung der Hofschlachtung erfordert und verbietet, ein Tier ohne vorhergehende Betäubung zu schlachten – über das Verbot von Tierversuchen, wenn es alternative Lösungen dafür gibt, bis hin zur Schaffung eines Staatssekretariats für die Lebensbedingungen der Tiere usw.

Es gibt Hunderte von Organisationen und einige große Stiftungen, die viel Energie und Mittel in den Tierschutz investieren. Doch sie agieren meistens, ohne ihre Bemühungen untereinander zu koordinieren, und es fehlt in Frankreich eine Struktur, wie es sie in den angelsächsischen Ländern gibt, die die verschiedenen Organisationen rund um konkrete Kämpfe oder Missstände zusammenführen kann.

Aus diesem Grund habe ich beschlossen, die gemeinnützige Organisation »Ensemble pour les animaux« (›Gemeinsam für die Tiere‹) zu gründen. Ihre Aufgabe besteht darin, Persönlichkeiten, Organisationen und Stiftungen, die sich für Tiere einsetzen, rund um konkrete Anliegen zusammenzubringen. Das erste Anliegen besteht darin, in Anbetracht des politischen Kontextes, in dem dieses Werk veröffentlicht wurde, die Schaffung eines Staatssekretariats für die Lebensbedingungen der Tiere zu fordern.

Weitere Informationen finden Sie auf der Website (www.ensemblepourlesanimaux.org) oder auf der Facebook-Seite der Organisation.

Neuigkeiten zu Frédéric Lenoir finden Sie auf seiner Facebook-Seite und auf seiner Website: www.fredericlenoir.com.

Danksagung

Ich danke von ganzem Herzen all jenen, die diese Seiten aufmerksam durchgesehen und wertvolle Anmerkungen gemacht haben: Charlotte Avril, Alexandre Hagège, Pascale Hertrich, Astrid Heyman Valois, Guila Clara Kessous, Julie Klotz, Karine Lou Matignon und Ghislain Zuccolo.

Ein großer Dank gilt ebenfalls Marion Parsy (www.parsyparla.com) für die schönen Tierzeichnungen der französischen Buchausgabe, ebenso wie Reha Hutin und der Stiftung »30 millions d'amis« für unsere miteinander geführten Kämpfe sowie unsere freundschaftliche Gemeinschaft beim jährlichen Literaturpreis der Stiftung.

Anmerkungen

1 Spinoza, Benedictus de, *Die Ethik. Lateinisch/Deutsch.* Revidierte Übersetzung von Jakob Stern, Teil III, Lehrsatz 9, Anmerkung, Stuttgart 1977, S. 277.
2 Yuval Noah Harari, *Sapiens. Une brève histoire de l'humanité*, Paris 2015, S. 51. [Dt.: *Eine kurze Geschichte der Menschheit*, München 2015, S. 54.]
3 Boris Cyrulnik / Élisabeth de Fontenay / Peter Singer, *Les animaux aussi ont des droits.* Entretiens avec Karine Lou Matignon, Paris 2013, S. 227.
4 Anm. d. Übers.: *La vache qui rit* ist der Markenname eines französischen Schmelzkäses, wörtlich: ›die lachende Kuh‹.
5 Matthieu Ricard, *Plaidoyer pour les animaux. Vers une bienveillance pour tous*, Paris 2014, S. 74. [Dt.: *Plädoyer für die Tiere*, München 2015, S. 75.]
6 Isaac Bashevis Singer, *Collected Stories: Gimpel the Fool to The Letter Writer*, New York 2004; *Le Blasphémateur et autres nouvelles*, Paris 1968.
7 Mark Twain, »Man's Place in the Animal World«, in: Ders., *Collected Tales, Sketches, Speeches and Essays, 1891–1910*, New York 1992.
8 Genesis I, 26–28, zit. nach: *Die Bibel. Einheitsübersetzung der Heiligen Schrift. Gesamtausgabe*, vollst. durchges. u. überarb. Ausg., Katholische Bibelanstalt GmbH, Stuttgart ²2017.
9 Aristoteles, *Politique*, Paris 1995, S. 16. [Dt.: *Politik. Schriften zur Staatstheorie*, übers. von Franz F. Schwarz, Ditzingen 1989, Buch I, 8, 1256 b 20 ff.]
10 René Descartes, *Discours de la méthode*, V. Teil, Paris 1987 [*Discours de la Méthode. Bericht über die Methode.* Frz./Dt. Stuttgart 2001], zit. nach Ricard, *Plädoyer*, S. 29 f.
11 Michel de Montaigne, *Essais. Ausgewählt, übertragen und eingeleitet von Arthur Franz*, Stuttgart 1969, Buch I, S. 137.
12 Ebd., Buch II, S. 218.
13 Cyrulnik/Fontenay/Singer, *Les animaux aussi ont des droits,* S. 199.
14 Werner Heisenberg, *Physique et philosophie: la science moderne en révolution*, Paris 1961, S. 55. [Dt.: *Die Kopenhagener Deutung der Quantentheorie*, in: Ders., *Physik und Philosophie*, Stuttgart 1959, S. 27–42, hier S. 41.]

15 Frans de Waal, *Sommes-nous trop ›bêtes‹ pour comprendre l'intelligence des animaux?*, Paris 2016.
16 Rupert Sheldrake, *Les Pouvoirs inexpliqués des animaux*, Paris 2009. [Dt.: *Der Siebte Sinn der Tiere. Warum Ihre Katze weiß, wann Sie nach Hause kommen und andere bisher unerklärte Fähigkeiten der Tiere*, übers. von Michael Schmidt, Frankfurt a. M. 2007.]
17 de Waal, *Sommes-nous trop ›bêtes‹ pour comprendre l'intelligence des animaux?*, S. 142 f.
18 Cyrulnik / de Fontenay / Singer, *Les animaux aussi ont des droits*, S. 236 f.
19 Plutarch, »Über das Fleischessen«, in: Ders., *Darf man Tiere essen?*, übers. von Marion Giebel, Ditzingen 2015, S. 90.
20 Anm. d. Übers.: Ovid, *Metamorphosen*, übers., komm. u. eingeleitet von Michael von Albrecht, Ditzingen 1994, Buch 15, Vers 463–468.
21 Anm. d. Übers.: Dt. Übersetzung aus: *Enzyklika Laudato si' von Papst Franziskus. Über die Sorge für das gemeinsame Haus*, Libreria Editrice Vaticana, S. 39; online: https://www.dbk.de/fileadmin/redaktion/diverse_downloads/presse_2015/2015-06-18-Enzyklika-Laudato-si-DE.pdf (letzter Aufruf 26. 3. 2018)
22 Anm. d. Übers.: Ebd., S. 55; darin ein Zitat aus: *Katechismus der Katholischen Kirche*, 2418.
23 Voltaire, »Bêtes«, in: Ders., *Dictionnaire philosophique*, hrsg. von Alain Pons, Paris 1996.
24 Arthur Schopenhauer, *Über die Grundlage der Moral*, 1840, § 19,4.
25 Jeremy Bentham, *An Introduction to the Principles of Morals and Legislation*, 1789. [Dt.: *Eine Einführung in die Prinzipien der Moral und Gesetzgebung*, Saldenburg 2013.]
26 Émile Zola, »L'amour des bêtes«, in: *Le Figaro*, 24. März 1896.
27 Louise Michel, *Mémoires*, Paris 1886.
28 Jacques Derrida, *L'animal que donc je suis*, Paris 2006. [Dt.: *Das Tier, das ich also bin*, übers. von Markus Sedlaczek, hrsg. von Peter Engelmann, Wien 2016.]
29 Charles Darwin, *The Descent of Man, and Selection in Relation to Sex*, London 1871, S. 101. [Dt.: *Die Abstammung des Menschen und die sexuelle Selektion: Eine Auswahl*, hrsg. von Ferdinand Fellmann und Bernard Wallner, Stuttgart 2012, S. 99.]
30 Cyrulnik/Fontenay/Singer, *Les animaux aussi ont des droits*, S. 207.
31 Francis Wolff, *Notre humanité. D'Aristote aux neurosciences*, Coll. »Histoire de la pensée«, Paris 2010, S. 336.

32 Jean-Baptiste Jeangène Vilmer, *Éthique animale*, Paris 2008, S. 47.
33 Peter Singer, *La Libération animale*, Paris 2012, S. 31. [Dt.: *Animal Liberation. Die Befreiung der Tiere*, übers. von Claudia Schorcht, Hamburg 1996, S. 33.]
34 Cyrulnik/Fontenay/Singer, *Les animaux aussi ont des droits*, S. 107.
35 Anm. d. Übers.: Die Tötung des Nashornbullen Vince, der zu den seltenen Weißen Nashörnern gehörte, in einem Zoo bei Paris sorgte 2017 weltweit für Schlagzeilen.
36 Franz-Olivier Giesbert, *L'animal est une personne*, Paris 2014, S. 134.
37 Isabelle Saporta, *Du courage. En finir avec ces trahisons qui nous tueront*, Paris 2017, S. 129–140.
38 Interview mit Tom Regan in den *Cahiers antispécistes*, Nr. 2, Januar 1992.
39 Ricard, *Plaidoyer pour les animaux*, S. 256. [Dt.: *Plädoyer für die Tiere*, München 2015, S. 243.]
40 Anm. d. Übers.: RICHTLINIE 2010/63/EU DES EUROPÄISCHEN PARLAMENTS UND DES RATES vom 22. September 2010 zum Schutz der für wissenschaftliche Zwecke verwendeten Tiere, in: *Amtsblatt der Europäischen Union*, L 276/33, 20. Oktober 2010.
41 Marguerite Yourcenar, *Le Temps, ce grand sculpteur*, Paris 1983, S. 157. [Dt.: »Wer weiß, ob die Seele der Tiere im Staub versinkt?«, in: Dies., *Die Zeit, die große Bildnerin. Essays über Mythen, Geschichte und Literatur*, übers. von Sina Walden, München 1998, S. 258.]
42 Aymeric Caron, *Antispéciste: réconcilier l'humain, l'animal et la nature*, Paris 2016, S. 267.
43 Ricard, *Plaidoyer pour les animaux*, S. 91. [Dt.: *Plädoyer für die Tiere*, München 2015, S. 86.]
44 Singer, *La Libération animale*, S. 333. [Dt.: *Animal Liberation. Die Befreiung der Tiere*, übers. von Claudia Schorcht, Hamburg 1996, S. 257 f.]

Literaturhinweise

Birnbaum, Jean (Hrsg.): Qui sont les animaux? Paris 2010.
Burgat, Florence: Une autre existence: la condition animale. Paris 2012.
Caron, Aymeric: Antispéciste: réconcilier l'humain, l'animal et la nature. Paris 2016.
- No steak. Paris 2013.
Cyrulnik, Boris / Fontenay, Élisabeth de / Singer, Peter: Les animaux aussi ont des droits. Entretiens avec Karine Lou Matignon. Paris 2013.
Derrida, Jacques: L'animal que donc je suis. Paris 2006. [Dt.: Das Tier, das ich also bin. Übers. von Markus Sedlaczek. Wien 2016.]
Fontenay, Élisabeth de: Le Silence des bêtes: la philosophie à l'épreuve de l'animalité. Paris 1998.
Giesbert, Franz-Olivier: L'animal est une personne: pour nos sœurs et frères les bêtes. Paris 2014.
Harari, Yuval Noah: Sapiens. Une brève histoire de l'humanité. Übers. von Pierre-Emmanuel Dauzat. Paris 2015. [Dt.: Eine kurze Geschichte der Menschheit. Übers. von Jürgen Neubauer. München 2015.]
Jeangène Vilmer, Jean-Baptiste: L'Éthique animale. Paris 2015.
Lestel, Dominique: L'animal est l'avenir de l'homme. Munitions pour ceux qui veulent (toujours) défendre les animaux. Paris 2010.
Marguénaud, Jean-Pierre: L'animal en droit privé. Limoges 1992.
Matignon, Karine Lou: À l'écoute du monde sauvage: pour réinventer notre avenir. Paris 2012.
- (Hrsg.): Révolutions animales. Comment les animaux sont devenus intelligents. Paris 2016.
Porcher, Jocelyne: Vivre avec les animaux: une utopie pour le XXIe siècle. Paris 2011.
Regan, Tom: The Case for Animal Rights. London 1983.
Ricard, Matthieu: Plaidoyer pour les animaux: vers une bienveillance pour tous. Paris 2014. [Dt.: Plädoyer für die Tiere. München 2015.]
Safran Foer, Jonathan: Faut-il manger les animaux? Übers. von Gilles Berton und Raymond Clarinard. Paris 2011. [Dt.: Tiere essen. Frankfurt a. M. 2012.]
Singer, Peter: La Libération animale. Übers. von Louise Rousselle und David Olivier. Paris 1993. [Dt.: Animal Liberation. Die Befreiung der Tiere. Übers. von Claudia Schorcht. Hamburg 1996.]

Waal, Frans de: Le Bonobo, Dieu et nous. À la recherche de l'humanisme chez les primates. Paris 2013. [Dt.: Der Mensch, der Bonobo und die Zehn Gebote: Moral ist älter als Religion. Übers. von Cathrine Hornung. Stuttgart 2016.]
– Sommes-nous trop »bêtes« pour comprendre l'intelligence des animaux? Paris 2016.
Wolff, Francis: Notre humanité. D'Aristote aux neurosciences. Coll. »Histoire de la pensée«. Paris 2010.

Die Originalausgabe erschien unter dem Titel *Lettre ouverte aux animaux (et à ceux qui les aiment)* bei Librairie Arthème Fayard, Paris.
© Librairie Arthème Fayard, 2017.

2018 Philipp Reclam jun. Verlag GmbH,
Siemensstraße 32, 71254 Ditzingen
Umschlaggestaltung: zero-media.net / Reclam Verlag
Umschlagabbildung: Meyers Konversations-Lexikon / Wikimedia Commons
Druck und buchbinderische Verarbeitung: Kösel GmbH & Co. KG,
Am Buchweg 1, 87452 Altusried-Krugzell
Printed in Germany 2018
RECLAM ist eine eingetragene Marke
der Philipp Reclam jun. GmbH & Co. KG, Stuttgart
ISBN 978-3-15-011169-7

Auch als E-Book erhältlich

www.reclam.de